Frick
Ich mache Sie reich

Markus Frick

ICH MACHE SIE REICH

Der Mann, der Millionäre macht

Econ

Der Econ Verlag ist ein Unternehmen
der Econ Ullstein List Verlag GmbH & Co. KG, München

1. Auflage 2001

ISBN 3-430-12946-X

Gesetzt aus der Optima, Linotype,
bei Josefine Urban – KompetenzCenter, Düsseldorf
Druck und Bindearbeiten: GGP Media, Pößneck

An der Börse hofft man nicht,
an der Börse handelt man.

Markus Frick

Inhalt

Sie haben alle Chancen dieser Welt

Nur mit dem Unmöglichen als Ziel kommt man zum Möglichen.

Miguel de Unamuno y Jugo

»Nur mit dem Unmöglichen als Ziel kommt man zum Möglichen.« Diese Worte des spanischen Schriftstellers und Philosophen Miguel de Unamuno y Jugo (1864–1936) haben mich in den vergangenen Jahren begleitet und in mir den Ehrgeiz geweckt, ein auf den ersten Blick fast unerreichbares Ziel zu verwirklichen: Ich wollte an meinem 30. Geburtstag Millionär sein. Es war weder die Unzufriedenheit mit meinem Leben, noch der Wunsch, nie mehr arbeiten zu müssen oder mich einem geregelten Alltag zu entziehen, der mich antrieb. Vielmehr begeisterten mich die wirtschaftlichen Prinzipien des Wertpapierhandels und die Lust am Geldverdienen an sich.

Schon in jungen Jahren hatte mich das Börsenfieber gepackt, und ich war einfach hingerissen von der enormen Geschwindigkeit, den riskanten Manövern und ausgefeilten Strategien, mit denen Händler und Anleger auf den internationalen Aktienmärkten ungeheure Summen hin- und herbewegten und den Weltmarkt beeinflussten – ein großes Schauspiel, das für mich bis heute von seiner Faszination nichts eingebüßt hat. Hätte man mir prophezeit, dass ich mein Ziel, Millionär zu sein, schneller als erwartet erreichen sollte, ich hätte es kaum für möglich gehalten.

Die Börsenwelt hat mein Leben zum Positiven verändert. Ich habe heute einen neuen Beruf, keine finanziellen Sorgen mehr und ich konnte in den vergangenen drei Jahren sehr vielen Menschen zeigen, wie man mit einer einfachen Strategie Gewinne mit Wertpapieren realisiert. In zahlreichen Gesprächen mit Freunden und Geschäftspartnern wurde die Idee geboren, meinen bisherigen Lebensweg und die damit verbundenen Stationen meines Erfolgs nachzuzeichnen und meine Börsenstrategie in einem Buch niederzuschreiben, um auch anderen damit zu Erfolg und Reichtum zu verhelfen. Vielleicht ist dies ein Anreiz für manchen noch Zögerlichen, sich intensiver mit den Mechanismen und Strukturen des Aktiengeschäfts auseinander zu setzen und sie zu seinen Gunsten zu nutzen.

Es ist ein wesentlicher Bestandteil meiner Überzeugung, dass es jedem Menschen, der dies möchte, möglich ist, an der Börse erfolgreich zu agieren. Befolgt man einige grundlegende Kriterien, stehen die Chancen ziemlich gut, mit dem Handel von Wertpapieren vergleichsweise viel Geld zu verdienen. Unabhängig davon, wo Sie in Deutschland leben, sei es in einer Großstadt, die alle Perspektiven bietet, oder in einer ländlichen Gegend oder einem Dorf, das kaum Beschäftigungsmöglichkeiten bereithält – Sie haben überall und zu jeder Zeit die Chance, an der Börse zu agieren und außergewöhnlich viel Geld zu verdienen. Wo immer Sie beruflich engagiert sind, es eröffnen sich Ihnen beste Aussichten, sich mit Wertpapieren ein Vermögen zu erarbeiten. Sie benötigen dazu lediglich drei Dinge:

1. Ein kleines Startkapital – dies können 1000 oder 2000 Mark sein,

2. Zeit, die Sie zu investieren bereit sind und

3. dieses Buch, das Sie Schritt für Schritt an ein sicheres Vermögensmanagement heranführen wird.

Ich möchte durch dieses Buch als eine Art Mentor fungieren, der Sie mit einem gewissen Erfahrungshintergrund auf Ihrem Weg an die Börse begleiten und bei Ihrer individuellen Investitionsstrategie beraten kann. Es geht mir nicht um marktschreierische Botschaften und auch nicht um die Vermittlung allzu komplexen Fachwissens. Aber ich hoffe, dass Sie sich von der Geschichte meines Erfolgs inspirieren lassen und dabei ebenso gute Ergebnisse erzielen werden, wie es mir möglich war. Ich verrate Ihnen meine Strategien, mit denen ich im Aktienhandel vorgehe, zeige Ihnen Fehler auf, die Sie unbedingt vermeiden sollten, und mache Sie mit den wichtigsten Informationen vertraut, die jedem Börsen-Neueinsteiger gleichsam in Fleisch und Blut übergehen sollten. Wenn Sie all dies beherzigen, dann sehe ich überaus gute Chancen, dass Sie in absehbarer Zeit Ihre eigene Erfolgsgeschichte erleben werden.

Starten Sie heute Ihr ganz persönliches Vermögensmanagement

Wenn man ein Buch
nicht immer und immer wieder
zu seiner Freude lesen kann,
hat es keinen Wert,
es überhaupt zu lesen.

Oscar Wilde

Mehr als elf Millionen Bundesbürger investieren inzwischen in Aktien und Fonds. Sie tun das mit gutem Grund. Denn wer sich nicht frühzeitig um die Sicherung seiner finanziellen Belange kümmert, könnte dieses Versäumnis eines Tages bereuen und irgendwann das Nachsehen haben. Ohne ein solides und kluges Vermögensmanagement laufen Sie Gefahr, in einer Zeit der wirtschaftlichen Konzentration und sozialstaatlichen Zurückhaltung Ihre ökonomischen Interessen nicht mehr ausreichend wahren zu können. Das Sparbuch mit seiner unter der Inflationsrate liegenden geringen Verzinsung, noch immer Lieblingskind der deutschen Geldanleger, reicht bei weitem nicht mehr aus, um eine effiziente Vermögensbildung über Jahre hinaus zu gewährleisten. Die wirtschaftlichen Veränderungen in unserer globalen Gesellschaft wirken sich in jedem Privathaushalt aus;

berufliche Erfolge garantieren nicht notwendig eine langfristige Konsolidierung Ihres Vermögens auf hohem Niveau.

Wenn Sie sich nicht tatsächlich beizeiten um ein solides Vermögensmanagement bemühen, wird von Ihren Ersparnissen bald nicht mehr viel übrig sein. Gerade diejenigen, die gut verdienen, greifen mehr und mehr zur Aktienanlage. Auch wenn Sie wenig verdienen, sollten die Wohlhabenden dieser Welt für Sie ein gutes Beispiel sein, denn an ihnen sehen Sie, dass es sich lohnt, in Wertpapiere zu investieren.

Fragen um Wirtschaft und Finanzen betreffen heute jeden. Auch Sie sollten Interesse daran zeigen, denn es sind Fragen, die für Sie bares Geld wert sein können. Gerade in einer Gesellschaft, in der das ökonomische Prinzip den Takt für Erfolg und Misserfolg vorgibt, ist es wichtig, der Wirtschaft Beachtung zu schenken. Erfolg im Job wird Sie auf Dauer finanziell nicht wirklich weiterbringen, wenn Sie ein kluges Geldmanagement vernachlässigen.

Es gibt heute vielfältige Möglichkeiten, Vermögen zu maximieren. Bevor Sie Ihr ganz persönliches Vermögensmanagement starten und sich für bestimmte Anlageformen entscheiden, sollten Sie Ihre Lebenssituation und Ihre Erwartungen überprüfen und aufeinander abstimmen. Denn Erfolg will geplant, jede Strategie klug durchdacht sein. Also nehmen Sie sich Zettel und Stift zur Hand, machen Sie zunächst einen Kassensturz und beantworten Sie sich eine Reihe von Fragen:

- Wie viel Geld haben Sie?
- Wie viel davon brauchen Sie, um Ihre täglichen Ausgaben zu bestreiten?
- Welche Summe bleibt nun übrig, die als Startkapital angelegt werden kann?
- Möchten Sie einen monatlichen Betrag beiseite legen oder einmalig investieren?
- Müssen Sie Ihre Familie absichern, oder sind Sie Single und können frei über Ihr Erspartes verfügen?
- Wie risikofreudig sind Sie?
- Können Sie es sich leisten, einen gewissen Prozentsatz von Ihrem Ersparten zu verlieren?
- Hängen Ihre Existenz und die Existenz Ihrer Familie von Ihren Ersparnissen ab?
- Über welchen Zeitraum können und möchten Sie Ihr Geld anlegen – Tage, Wochen, Monate oder Jahre?

Entsprechend Ihrer persönlichen Risikosituation sollten Sie sich dann für eine oder mehrere Anlageformen entscheiden. Sie haben die Möglichkeiten, in Aktien, Fonds, Immobilien und/oder Lebensversicherungen zu investieren. Obwohl es in diesem Buch vorrangig um den Kauf von Aktien und Fonds gehen wird, möchte ich Ihnen auch die beiden anderen Anlageformen kurz vorstellen, sodass Sie die für Sie richtige Entscheidung treffen können.

Lebensversicherungen sollten in keinem persönlichen Vermögensmanagement fehlen; besonders dann nicht, wenn Sie Ihre Familie absichern müssen.

Sie können sich auch für eine fondsgebundene Lebensversicherung entscheiden – die Renditen sind höher als bei reinen Lebensversicherungen, das Risiko bei langen Laufzeiten kaum größer.

Der Kauf von Immobilien zählt zu den konservativen Anlagemöglichkeiten und erfordert naturgemäß ein gewisses Grundkapital. Sie sollten in diesem Fall Ihren Steuerberater kontaktieren, der Ihnen präzise errechnen kann, ob und in welcher Form sich für Sie der Erwerb einer Immobilie lohnt. Bedenken Sie dabei aber, dass Sie bei Immobilien auch laufende Kosten berücksichtigen müssen: Sie sollten anfallende Renovierungsarbeiten, einen eventuellen Wertverlust und das potenzielle Risiko, dass sich bei einem Wiederverkauf oder bei einer Vermietung keine Interessenten für das Objekt finden, in Ihren Finanzierungsplan einkalkulieren. Nur bei Immobilien in wirklich guten Lagen können Sie langfristig mit einer rentablen Wertsteigerung rechnen.

Der Kauf von Fonds gilt in der Regel als solide und relativ sichere Möglichkeit der Geldanlage. Wenn Sie nur wenig Zeit haben, sich um Ihr Vermögen zu kümmern, und Ihr Geld mittel- bis langfristig anlegen wollen, dann entscheiden Sie sich für einen Fonds. Fonds sind auch für die Altersvorsorge bestens geeignet, denn »die Wahrscheinlichkeit, dass man mit Investmentfonds Geld verliert, liegt bereits nach zehn Jahren Ansparfrist bei Null«, so Andreas Fink, der Sprecher des Bundesverbands deutscher Investment-Gesellschaften (BVI).[1] Wenn Sie einen Fonds mit guter Rendite wählen, können Sie auch hier mittelfristig – zum Beispiel über ein Jahr – lohnenswerte Gewinne machen.

Ich selbst favorisiere ganz klar die Aktienanlage. Aktien versprechen – auch kurzfristig – die größten Chancen auf überproportionale Gewinne und sind dabei zehnmal sicherer als jede Lotterie. Aber natürlich brauchen Sie für Aktien, wie erwähnt, Zeit, etwas Kapital, das Sie zu investieren bereit sind, und eine fundierte Strategie, die Ihnen maximale Gewinne beschert, gleichzeitig aber Ihre Verluste in Grenzen hält.

Unabhängig davon, für welche Anlageform Sie sich letztlich entscheiden – investieren Sie Ihr wertvolles Kapital niemals spontan und intuitiv, sonst kann der Kauf von Aktien schnell zum unkontrollierten Vabanquespiel und die Börse Ihr Waterloo werden. Nehmen Sie sich ausreichend Zeit, um sich einen Überblick über die Marktsituation, über Angebot und Nachfrage zu verschaffen, lassen Sie sich von Experten beraten, und fragen Sie Menschen um Rat, denen Sie vertrauen und die Erfahrungen in der einen oder anderen Anlageform haben. Diskutieren Sie auch mit Leuten, die ihr Geld in Wertpapiere investieren und nutzen Sie deren Wissen. Ich selbst habe mich für den Handel mit Aktien entschieden. Meine Kriterien, die mich zum Kauf bewogen haben, waren die richtigen.

Doch klären Sie, wenn Sie sich für Aktien als Anlage entschieden haben, auch für sich ganz persönlich die Frage, warum Sie Aktionär werden möchten. Jeder Mensch hat schließlich seine eigenen Vorstel lungen und Erwartungen an den Markt. Der eine bewegt sich vielleicht nur an der Börse, um etwas Spaß und Nervenkitzel zu haben, ein anderer, um sein Geld vor der Gefahr einer möglichen Inflation zu sichern, und der Dritte, um die schnelle Mark zu machen. Geld verdienen wollen alle – das ist aber noch nicht Grund genug, an der Börse einzusteigen.

Wollen Sie Ihr Geld an der Börse für die Altersvorsorge anlegen oder kurzfristige Konsumausgaben decken? Planen Sie, mit dem Geld ein Haus zu bauen, ein Auto zu kaufen oder in Urlaub zu fahren? Die Gründe für Ihr Engagement an der Börse sollten Ihre Anlagestrategie mitbestimmen.

Wenn Sie Ihre Familie absichern möchten und kein Geld verlieren dürfen, sollten Sie eher eine konservative Strategie fahren und den einen oder anderen Fonds mit einkaufen. Als risikofreudiger Spekulant, der auf kurzfristige Gewinne aus ist, werden Sie sicher andere Anlageformen, vor allem schnellen Gewinn versprechende Wertpapiere aus dem Neuen Markt wählen oder auf Neuemissionen setzen. In jedem Fall sollten Sie sich als Anleger – wie auch im übrigen Leben – sinnvolle und realisierbare Ziele stecken.

Mein Tipp:

- Bevor Sie Ihren persönlichen Vermögensaufbau planen, nehmen Sie sich die Zeit, einige Fragen zu Ihrer finanziellen Situation zu beantworten:

  - Wie viel Geld habe ich?

  - Wie viel davon benötige ich, um meine täglichen Ausgaben zu bestreiten?

  - Welche Summe bleibt nun übrig, die ich als Startkapital anlegen kann?

  - Möchte ich einen monatlichen Betrag beiseite legen oder einmalig investieren?

- Überlegen Sie, welche Ziele Sie mit Ihrem Geld verfolgen und wie hoch das Risiko sein soll, das Sie eingehen möchten.

Die Lust am Geldverdienen

Wer sich zu groß fühlt, um kleine Aufgaben zu erfüllen, ist zu klein, um mit großen Aufgaben betraut zu werden.

JACQUES TATI

Schon früh lernte ich, dass es Spaß machen kann, Geld zu verdienen und dass Geld im Leben eine grundlegende Rolle spielt. Geld erschließt – neben seiner Kaufkraft – zweifellos auch zusätzliche Freiräume, es schafft die Möglichkeit, sich weiterzuentwickeln und eröffnet neue Perspektiven. Geld an sich ist wertlos, solange es nur angehäuft und nicht investiert wird. Geld muss arbeiten, und es arbeitet meines Erachtens am besten an der Börse. Dies haben wohlhabende Menschen schon sehr früh erkannt. Deshalb wurde das Börsenparkett lange Jahre – über Generationen hinweg – meist auch nur von den Großen und Wohlhabenden dieser Welt betreten. Aber die Zeiten ändern sich: Mehr und mehr Kleinanleger, Leute aus allen sozialen Schichten und Berufen, legen ihre Ersparnisse in Wertpapieren an – und erzielen hohe Renditen damit. Nutzen auch Sie alle Chancen, die Aktien heute bieten.

Sie können, wenn Sie einige wichtige Regeln beachten, nur gewinnen.

Meine Lebensgeschichte mag Sie an die Legende »Vom Tellerwäscher zum Millionär« erinnern. Doch Legenden enthalten stets einen wahren Kern. In der Tat ist mir innerhalb kürzester Zeit ein sozialer Aufstieg gelungen, der märchenhafte Züge in sich tragen mag. Doch meine Geschichte ist Realität und als solche das Ergebnis harten und unablässigen Bemühens. Ich will Ihnen relativ ausführlich aus meiner Kindheit erzählen, weil ich davon überzeugt bin, dass diese für meinen weiteren Werdegang von entscheidender Bedeutung war. Zudem möchte ich damit verdeutlichen, dass soziale Herkunft nur sehr bedingt den Weg für die Zukunft festlegt. Meine Erfahrungen, häufig erste Erfahrungen, die ich im Umgang mit Münzen und Scheinen in jeglicher Form machen durfte und zuweilen auch musste, sollten Sie, so hoffe ich jedenfalls, motivieren, unabhängig von Ihren bisherigen Lebensumständen Ihr Glück selbst in die Hand zu nehmen.

Ich schildere die Stationen meines Lebens und meiner Karriere deshalb so breit und bildhaft, um Ihnen zu zeigen, dass sich einfachste Erlebnisse in der Kindheit und Jugend zu Schlüsselerfahrungen auswachsen können. Mag Ihnen auch manches sentimental und unwirklich vorkommen, so darf ich Ihnen versichern, dass diese Erkenntnisse meine Freude am großen Börsenspiel mit all seinen Finessen und Nuancen erst wirklich geweckt und am Leben gehalten haben.

Ich stamme aus vergleichsweise bescheidenen Verhältnissen und wuchs als Sohn eines Bäckermeisters in einer Stadt mit 33 000 Einwohnern in der Nähe von Heidelberg auf. Zwischen Brötchenteig und Backofen wurde ich groß, meine ersten Schritte machte ich im Laden meiner Eltern. In meiner Schultüte steckte neben Süßigkeiten und bunten Stiften auch ein Bogen mit Spielgeld, den meine Eltern für ihren Sohn von der Bank bekommen hatten. Es war ein DIN A4 Bastelbogen, aus dem man ausgestanzte Papiermünzen herausdrücken konnte, und ich muss heute noch schmunzeln, wenn ich daran denke, wie mich die kleinen Häufchen bunter Papierschnipsel fasziniert haben. Diese erste Erfahrung mit Geld als Zahlungsmittel – hier war es natürlich nur Spielgeld – hat mich so begeistert, dass ich anschließend noch mehrere Male zur Bank gelaufen bin, um mir weitere Bastelbögen zu holen.

Mein erstes eigenes Geld verdiente ich, indem ich Kartons bei Aldi holte. Mein Vater gab mir für jeden Karton zehn Pfennig. Als Jugendlicher verkaufte ich Eis in einem Museum in Sinsheim und auf Straßenfesten und holte weiterhin Kartons bei Aldi, um mir mein Taschengeld aufzubessern. Mit 19 Jahren schloss ich meine Bäckerlehre ab.

Anschließend reiste ich durch Deutschland und arbeitete in verschiedenen Bäckereien mit, um Erfahrung im Handwerk zu sammeln. Nach meiner Meisterprüfung, die ich mit 22 Jahren als jüngster Bäckermeister Deutschlands absolvierte, arbeitete ich im elterlichen Betrieb als Produktionsleiter. Meine Eltern waren als selbstständige Unternehmer stets Vorbild für mich, wenn es um eine positive Einstellung zur Arbeit ging. Als selbständiger Bäckermeister beginnt der Tag morgens um 3.30 Uhr, und er endet nie vor 18.00 Uhr – ich weiß also, dass Arbeit vollen Einsatz fordert.

Als ich 13 Jahre alt war, eröffneten meine Eltern eine neue Bäckereifiliale, in der unsere Kunden auch eine Tasse Kaffee an kleinen Stehtischen trinken konnten. In dieser Filiale stand eine Eistruhe, aus der wir Eiskugeln an Passanten verkauften. Für mich gab es damals nichts Aufregenderes, als in dieser neuen Filiale helfen zu dürfen. Ich stand hinter der Eisvitrine und formte mit dem Portionierer Eiskugeln, die meine Mutter unseren Kunden über die Theke reichte. Damals kostete die Kugel noch eine Mark, und ich kann mich gut erinnern, wie viel Geld das für mich war.

Eine Mark für eine Kugel Eis – Eisverkäufer schien mir damals der richtige Job zu sein. Ich machte meinen Eltern also den Vorschlag, einen kleinen mobilen Eisstand zu kaufen und bot an, für sie als Eisverkäufer zu arbeiten. Jeden Samstag und Sonntag, egal ob das Wetter gut oder schlecht war, baute ich im Museum meinen Stand auf. Für mich war der Eisverkauf Hobby und Nebenverdienst gleichermaßen, denn mein Vater zahlte mir pro Stunde zwei Mark und ich sparte mir mein Taschengeld zusammen, das das Grundkapital für meine späteren Aktivitäten bilden sollte.

Ich erzähle Ihnen diese Geschichte, weil ich Ihnen zeigen möchte, dass ich eine völlig normale und behütete Kindheit hatte. Meine Jugend war von der Ausbildung zum Bäckermeister bestimmt, und meine Karriere begann ich als Kartonsammler und Eisverkäufer. Ich unterscheide mich nicht von Millionen anderer Menschen, hatte ähnliche Voraussetzungen wie viele andere sie haben, und doch hat sich mein Leben grundlegend verändert. Denn heute bin ich 28 Jahre alt und mithilfe der Börse mehrfacher Millionär.

Der erste Kontakt

Die Anfänger an der Börse
erkennt man daran,
dass sie nicht aufhören können.

Markus Frick

Mit 14 Jahren hatte ich immerhin fast 5000 Mark auf dem Jugendsparbuch angesammelt. Als ich in unsere Bank ging, um wieder einmal Geld einzuzahlen, saß der Bankberater hinter dem Glasfenster. Bevor er mir mein Sparbuch über die Theke reichte, warf er einen kurzen Blick darauf, runzelte die Stirn und meinte: »Markus, eigentlich dürftest du nicht mehr als 2000 Mark auf dem Jugendsparbuch haben.« Ich fragte ihn geradeheraus, wo dies denn festgelegt sei. Er meinte, das stünde eigentlich nirgendwo, aber es sei einfach sehr ungewöhnlich, dass jemand mit 14 Jahren 5000 Mark auf dem Sparbuch habe. Er fragte mich, ob ich mein Geld nicht anlegen wolle. Natürlich wollte ich dies gerne tun, also erkundigte ich mich bei ihm, wie man sein Geld am besten anlegen könne und wo es die höchsten Erträge gebe. Er schmunzelte kurz über meine Geschäftstüchtigkeit und meinte dann, dass eine Investition in Aktien sicherlich am profitabelsten wäre. Zweifelnd sah ich ihn an: »Mit 14 Jahren? Und in Aktien investieren? Geht das denn überhaupt?« – »Ja sicher geht das, das ist überhaupt kein Problem!« erwiderte er. »Wenn du das möchtest, musst du nur das Einverständnis deiner Eltern einholen, ein Depot anlegen, und dann kannst auch du Aktien kaufen!« In einem halbstündigen Beratungsgespräch, das immer dann geführt wird, wenn Sie ein Depot in einer niedergelassenen Bank eröffnen, klärte mich der Wertpapierberater über Chancen und Risiken des Aktienhandels auf.

Während dieses Gesprächs stiegen Zweifel in mir auf, ob das Risiko nicht doch zu groß sei.

Ich dachte daran, wie ich die letzten Jahre Kartons im Supermarkt zusammengepackt und auf mein Fahrrad geladen hatte, nach Hause geradelt war und alles abgeladen hatte, wie mein Vater die Kartons sortierte und zählte und mir dann zehn Pfennig pro Karton in die Hand drückte. Ich sah mich in der Backstube stehen und Kuchenbleche reinigen, ich sah mich mit dem Eisportionierer hinter dem Stand stehen und Kugeln formen. Mir wurde klar, dass es für meine Verhältnisse schwer verdientes Geld war, und ich wollte es nicht leichtfertig aufs Spiel setzen.

Ich bat mir etwas Bedenkzeit aus und begann, mich erst einmal mit dem Thema Aktien zu beschäftigen. Ich kaufte mir eine Börsenzeitschrift – 1986 gab es noch nicht so viele am Markt wie heute – und verschlang die Informationen beim Lesen förmlich. Mit Stift und Zettel auf den Knien saß ich da, rechnete und las, las und rechnete. Ich machte mir Notizen, wo welche Aktie stand und schnitt mir die Artikel über die Aktienwerte, die mich interessierten, aus den Magazinen aus, versah sie mit dem jeweiligen Datum und sammelte sie, sodass ich vergleichen konnte, wie sich der Kurs der einzelnen Aktien entwickelt hatte.

Abends saß ich oft vor dem Fernseher und zappte durch den Videotext, um die Aktienkurse möglichst »frisch« und präzise zu erfahren. Die Börse begann damals, mich in ihren Bann zu ziehen. Ich war fasziniert vom Auf und Ab der Kurse, holte mir Hintergrundinformationen, wie der Aktienhandel überhaupt funktionierte, welche Einflussfaktoren den Kurs bestimmten und warum manche Papiere vielversprechender waren und in andere eher weniger Erwartungen gesetzt wurden. Je intensiver ich mich mit diesem Thema beschäftigte, desto enthusiastischer wurde ich.

Aus heutiger Sicht weiß ich, dass ich damals intuitiv den richtigen Weg gegangen bin. Es ist durchaus sehr sinnvoll, sich zunächst einmal einen Überblick über den gesamten Börsenmarkt zu verschaffen, ein Musterdepot anzulegen und zu prüfen, ob man das »richtige Händchen« für Börsenspekulationen hat.

Wenn Sie also an der Börse neu einsteigen möchten, sollten Sie auf gar keinen Fall sofort in Aktien investieren. Sie sollten sich erst einmal die Zeit nehmen, einige Wochen ein Musterdepot zu führen, mehrere Aktien sozusagen virtuell – also nur zum Üben auf dem Papier – zu kaufen und die Entwicklung des Marktes zu verfolgen. Treffen Sie eine Auswahl aus den zahlreichen Börsenmagazinen, die es mittlerweile auf dem Markt gibt, und beginnen Sie zu lesen.

Wählen Sie Ihre Aktien aus und verfolgen Sie die Kursentwicklung Ihrer Favoriten im Wirtschaftsteil der Tageszeitungen, über Videotext, bei Fernsehsendern wie n-tv oder N 24 oder über das Internet – fast alle großen Geldinstitute und alle Direktbanken oder Onlinebroker bieten auf Ihren Internetseiten die Möglichkeit, die Kurse abzufragen. Die Favoriten der großen Anleger erfahren Sie am einfachsten über Börsen-Hotlines oder Faxabruf. Mit einem Musterdepot, das sehr nah am realen Geschäft liegt, entwickeln Sie am besten ein Gefühl für die Bewegungen des Marktes, für seine Gesetze und seine Unwägbarkeiten, und sie können ohne Risiko überprüfen, ob Sie mit Ihren Einschätzungen richtig liegen.

Lassen Sie sich auf keinen Fall in Versuchung führen, wie zahlreiche Laien an der Börse Lotterie zu spielen. Orientieren und messen Sie Ihre Aktionen an den Auswertungen erfahrener Anleger, die Aktien nach den Regeln der Fundamentalanalyse oder der Chartanalyse bewerten. Bei der Fundamentalanalyse prognostizieren Fachleute den künftigen Kurs aufgrund der Vermögensstruktur oder der Ertragsstärke und der Stellung des Unternehmens im Markt. Chartanalysten zeichnen und bewerten dagegen den bisherigen Kursverlauf der Aktie in einem Kursdiagramm. Aus erkennbaren typischen Stadien und Formen schließen sie auf mögliche künftige Kursentwicklungen. Dieses Handwerkszeug müssen Sie nicht selbst beherrschen. Wichtig ist in diesem Zusammenhang, dass Sie die Kriterien, nach denen Experten ihre Bewertungen vornehmen und zu ihren

Prognosen kommen, erkennen und einordnen können.

Nur so wird in der Zusammenschau verschiedener Meinungen und Prognosen für Sie die optimale Entscheidung möglich. Sobald Sie erkennen, dass die Aktien Ihres Musterdepots überproportionale Gewinne erzielen, können auch Sie es wagen, reale Operationen am Markt ins Auge zu fassen und in richtige Aktien zu investieren. Aber gönnen Sie sich die Zeit, sich vorher ein Musterdepot anzulegen. Denn es ist Ihr Geld.

Mein Tipp:

- Wenn Sie an der Börse neu einsteigen, legen Sie sich zunächst ein Musterdepot an. Packen Sie die Werte hinein, die Sie gerne kaufen würden, und beobachten Sie deren Entwicklung, bevor Sie tatsächlich investieren.

- Lassen Sie sich nicht darauf ein, an der Börse Lotterie zu spielen.

- Erst wenn Sie erkennen, dass die Aktien Ihres Musterdepots überproportionale Gewinne erzielen, sind Sie für reale Operationen am Markt gerüstet.

Meine erste Aktie

An Geld denke ich nur, wenn ich keines mehr habe. Zu vergessen, dass es existiert, ist mein größter Luxus.

Peter Ustinov

Noch im gleichen Jahr, es war 1986, wurde ich auf die Aktie des Flugzeugherstellers Boeing aufmerksam. Im Anlegermagazin *Börse online* wurde sie sehr positiv beurteilt, und auch andere Fachzeitschriften erwähnten diese Aktie immer wieder. Als dann noch im Fernsehen ein Bericht über das Unternehmen gesendet wurde und ein Analyst eines renommierten Bankhauses den Unternehmenswert sehr hoch einschätzte und der Aktie ein großes Wachstumspotenzial bescheinigte, reifte meine Entscheidung, tatsächlich erstmals Aktien zu kaufen.

Der Kurs der Boeing-Aktie notierte, ich werde es nie vergessen, bei 110 Mark, ich konnte also knapp 50 Aktien kaufen. Und dann ging das Zittern los. Täglich saß ich vor dem Fernseher, zappte bei Videotext zu »meiner« Aktie und verfolgte gespannt ihren Kurs. Es war schließlich mein schwer verdientes Geld, das da arbeitete, und ich hoffte doch sehr, dass die Verantwortlichen bei Boeing sich dessen auch bewusst waren.

Der Kurs der Aktie unterlag keinen extremen Schwankungen. Mal stieg sie um ein bis zwei Mark, mal fiel sie wieder um ein bis zwei Mark. Ich aber saß in der achten Klasse mit dem Börsenmagazin unter dem Tisch auf den Knien und rechnete mir jeden Tag meine Gewinne oder meine Verluste aus. Ich war begeistert, dass man auch ohne Arbeit mal 100, mal 200 oder auch nur 50 Mark verdienen konnte. Mich erschreckte aber auch, dass man das gleiche Geld genauso schnell wieder verlieren konnte.

In meiner Klasse fand ich große Bewunderer für meine Börsenspekulationen. Gespannt saßen meine Klassenkameraden um meinen Tisch, wenn ich mit dem Bleistift in der Pause den Wert meines Depots ausrechnete. War ich in der Schule auch nicht immer der Fleißigste, bei meinen Aktien sollte mir niemand etwas vormachen.

Heute würde ich entschieden dafür plädieren, dass es bereits in der Schule ein Fach gibt, in dem Jugendlichen die Grundlagen eines sinnvollen Vermögensmanagements vermittelt werden. Es reicht nicht, nur Mathematik zu lernen und Zahlen addieren zu können; Jugendliche sollten auch die Gesetze des Marktes kennen lernen, Angebot und Nachfrage verstehen und Möglichkeiten, Erspartes sinnvoll anzulegen, aufgezeigt bekommen. Auch Schüler sollten begreifen, wie schnell ein gut geführtes Unternehmen wachsen kann und welche Voraussetzungen – von der Produktentwicklung bis zum Marketing und einer klugen Finanzierung – dazu nötig sind. Mittlerweile gibt es in einigen Schulen Ansätze, mit Unternehmen zusammenzuarbeiten – dies ist sicherlich ein Weg, von dem beide Seiten profitieren werden.

In der achten Klasse hatte mich das Börsenfieber vollends gepackt. Ich machte bei Aktienspielen mit, die Banken und Zeitschriftenmagazine veranstalteten, legte mir Musterdepots an und rechnete Gewinne und Verluste aus. Schnell merkte ich, dass meine potenziellen Gewinne immer größer waren als mögliche Verluste und dass ich, wenn ich mehr Geld gehabt hätte, auch mehr hätte investieren und mehr hätte verdienen können.

Schließlich fragte ich meine Eltern, die mich bei meinen Aktivitäten in Sachen Geld stets ermunterten, und die auch darauf achteten, dass ihre Söhne früh merkten, wie schwer es war, das tägliche Einkommen zu sichern, ob ich ihnen nicht noch mehr helfen könnte. Meine Eltern unterstützten mich gerne und boten mir an, beim Eisverkauf mehr Verantwortung zu übernehmen. Ich war ab diesem Zeitpunkt für die gesamte Organisation und Vorbereitung des Standes verantwortlich, also schleppte ich nun auch Eiskisten hin und her und kümmerte mich darum, dass alles seine Ordnung hatte.

Missgeschicke, Motivation und ein Ziel

Niemand kann dich ohne
dein Einverständnis
dazu zwingen,
dich minderwertig zu fühlen.

Eleanor Roosevelt

Ich habe anfangs davon gesprochen, dass es in meinem Leben immer wieder scheinbar banale Situationen gegeben hat, die aber in ihrer Wirkung für mich wegweisend wurden. So erinnere ich mich zum Beispiel noch sehr gut, wie mir einmal eine Kiste Eis aus den Händen rutschte und auf den Boden knallte. Der Deckel flog davon, das Eis kippte auf die Straße und begann langsam auf dem heißen Asphalt dahinzuschmelzen. Es war eine große, fettige Pfütze, die sich ausbreitete, und ich rannte in Hektik los, um Eimer und Kehrschaufel zu holen und das Malheur zu beseitigen. Ich war damals etwa 14 Jahre alt und sehr verantwortungsbewusst, wenn es um »meinen Job« ging. Und da ich nicht wollte, dass mein Missgeschick mehr Aufmerksamkeit als nötig erregte, kratzte ich so schnell wie möglich das Eis zusammen, um den Schaden nach Möglichkeit in Grenzen zu halten. In diesem

Augenblick kamen einige Jungs aus der Nachbarschaft vorbei. Grinsend blieben sie stehen, spotteten und lachten über mich, wie ich zu ihren Füßen die Eisreste vom Boden abkratzte. In diesem Moment packte mich ein innerliches Trotzgefühl, verbunden mit einer gehörigen Portion Ehrgeiz, ich biss mir auf die Zunge, um nicht loszuheulen und dachte mir: »Na wartet, Jungs, wer zuletzt lacht, lacht am besten!«

Das ist sicher nur eine kleine Episode aus meiner Jugend und doch hat sie symbolträchtigen Charakter. Wahrscheinlich kennen Sie diese Momente, in denen einem Situationen aus den Händen zu gleiten drohen, in denen man vor einem Scherbenhaufen steht und nicht unmittelbar eine Lösung parat hat. In solchen Augenblicken ist es notwendig, einen kühlen Kopf zu behalten und zu handeln. Überlegen Sie sich, welche Auswirkungen ein Missgeschick auf Ihr gesamtes Leben betrachtet hat. Oftmals relativiert sich eine komplizierte Situation schon dann, wenn man die eigene Sichtweise verändert.

Erlauben Sie einen kleinen Analogieschluss: So wie in dieser Situation gibt es im Leben immer wieder Momente der Verzweiflung, des Stillstands und der scheinbar unabwendbaren Niederlage. Ohne mich in große philosophische Betrachtungen begeben zu wollen, ist das Bild von einer Wellenbewegung mit Höhen und Tiefen eine weithin akzeptierte Metapher des Lebens. Und natürlich funktioniert auch die Börse nach ähnlichen Mustern, unabhängig davon, ob man ihre Eigendynamik reflektiert oder sie in Abhängigkeit von den Menschen betrachtet, die dort agieren: Auch an der Börse gibt es Zeiten, in denen es aufwärts, und Zeiten, in denen es abwärts geht. Nach jedem Tief kommt ein Hoch – dies ist im Leben so, und es ist auch an der Börse ein ungeschriebenes Gesetz.

Die fast schon historischen Kurseinbrüche der letzten 50 Jahre stehen in unmittelbarem Zusammenhang mit weltpolitischen Ereignissen; ob das nun die Ölkrise von 1972 war, die zu panikartigen Reaktionen an der Wallstreet in New York oder an den Märkten von Tokio, London und Frankfurt am Main führte, oder der Börsenkrach von 1987 – immer wieder erholten sich die Kurse nach einiger Zeit und übertrafen sogar die Höchstwerte vor den Kurseinbrüchen um ansehnliche Prozentpunkte.

Bodo Schäfer hat in seinem Buch »Der Weg zur finanziellen Freiheit« die historischen Kurseinbrüche der letzten Jahre aufgelistet; diese Aufstellung hat mich sehr beeindruckt, deshalb möchte ich hier einige Beispiele daraus entnehmen:[2]

- Berlin-Krise 1961: Mauerbau, Kuba-Krise
  Kurssturz: – 45 Prozent
  Kurserholung: + 60 Prozent

- Israels Sechstagekrieg 1965: Ermordung John F. Kennedys (1963)
  Kurssturz: – 40 Prozent
  Kurserholung: + 80 Prozent

- Öl-Krise 1972: Lieferboykott der OPEC, Sonntagsfahrverbot
  Kurssturz: – 35 Prozent
  Kurserholung: + 60 Prozent

- Tschernobyl-Krise 1986: radioaktive Wolken, Panikverkäufe
  Kurssturz: – 30 Prozent
  Kurserholung: + 40 Prozent

- Börsenkrach 1987: Panik an den Weltbörsen
  Kurssturz: – 40 Prozent
  Kurserholung: + 100 Prozent

- Mini-Crash 1989: der »schwarze« Freitag, 13. Oktober
  Kurssturz: – 30 Prozent
  Kurserholung: + 50 Prozent

Diese Beispiele sollen Mut machen, Aktien tatsächlich als eine der besten Anlageformen wahrzunehmen. Vielleicht haben Sie bereits schlechte Erfahrungen an der Börse gesammelt? Sicher haben Sie dabei einen entscheidenden Fehler gemacht, den Sie bei der Lektüre dieses Buches noch erkennen werden. Möglicherweise haben Sie keinen Stopp-Loss gesetzt, oder Sie sind zu früh oder zu spät ausgestiegen. Ich bitte Sie: Lesen Sie weiter. Sie lernen hier eine sichere Strategie, mit der Sie diese Fehler vermeiden können.

Halten Sie sich Ihre Ziele vor Augen. Und wenn Ihnen – symbolisch gesprochen – die Kiste (Eis, oder was auch immer) einmal aus den Händen gleiten sollte, lassen Sie sich nicht davon entmutigen! Schaffen Sie das Hindernis aus dem Weg und nehmen Sie Missgeschicke und Rückschläge im Leben an, um neue Motivation und neue Energie daraus zu schöpfen. Glauben Sie an sich selbst und daran, dass Sie Ihr Ziel, das Sie sich gesteckt haben, erreichen können! Ich hatte mein Ziel damals vor Augen, als ich auf dem heißen Asphalt kniete und das pappige Eis zusammenkratzte. Diese Erfahrung wurde für mich zum Schlüsselerlebnis, obgleich es sicher kein Drama war. Aber die Erinnerung an diese Minuten motiviert mich noch heute, wenn es darum geht, Probleme anzupacken und aus dem Weg zu räumen.

Ich entsinne mich noch gut an meinen zweiten TV-Auftritt in einer Talkshow. Ich saß zusammen mit einem etwa 30-jährigen jungen Mann und einer 26-jährigen Studentin vor der Kamera. Beide waren der Meinung, sie könnten niemals erfolgreich sein. Vor allem der junge Mann machte einen sehr zurückhaltenden Eindruck auf mich und begründete seinen prognostizierten Misserfolg mit leiser, fast zaghafter Stimme.

Glauben Sie mir: Wenn Sie sich jeden Tag einreden, dass Sie keinen Erfolg haben können, werden Sie niemals erfolgreich sein. Packen Sie sich am eigenen Schopf und entwerfen Sie Ihren ganz persönlichen Erfolgsplan. Sorgen Sie selbst dafür, dass Sie sehr bald dort stehen, wo Sie sich gerne sehen möchten. Dieses

Buch zeigt Ihnen die Wege und Möglichkeiten auf. Losgehen und Ihre Chancen nutzen – das müssen Sie allerdings alleine tun.

Ich bin weit davon entfernt, Ihnen kühne Visionen zu entwerfen und übertriebene Versprechungen zu machen. Es geht mir auch nicht um platte Durchhalteparolen, wenn die Geschäfte einmal schlecht laufen sollten, oder darum, Sie mit theoretischer Lebenshilfe zu langweilen. Aber ich möchte Sie, gleichsam vorbeugend, ermutigen, auch bei Verlusten und Fehlkalkulationen, die bei derartigen Transaktionen immer auftreten können, nicht mutlos und panisch zu reagieren. Das Schöne am Jonglieren mit Aktien ist meines Erachtens gerade das hohe Maß an Eigeninitiative, Risikofreudigkeit und Chancengleichheit, das dieses Marktsegment in sich birgt. Es geht nur darum, die Gesetze des Marktes zu durchschauen und vorteilhaft für die eigenen Interessen zu nutzen.

Mein Tipp:

- Motivieren Sie sich jeden Tag selbst! Haben Sie ein Ziel vor Augen und engagieren Sie sich mit all Ihrer Kraft dafür.

- Nur Sie selbst können sich erfolgreich machen. Erwarten Sie es nicht von anderen.

Das Spiel des Lebens

An der Börse
kommen erst die Schmerzen,
dann das Geld.

André Kostolany

Man mag fragen, ob es nicht vermessen sei, die Geschäfte an der Börse mit einem großen Spiel zu vergleichen. Immerhin geht es um sehr viel Geld, ganze Wirtschaftszweige hängen vom Verlauf der Kurse ab, dahinter verbergen sich politische Systeme und – letztlich – auch individuelle Existenzen. Dennoch darf man dem Phänomen Börse auch eine spielerische Note abgewinnen. Es gibt, wie in jedem Spiel, Unwägbarkeiten, die nicht abzusehen sind, man platziert Einsätze und hofft auf Gewinne, entwickelt ausgeklügelte Strategien und Projekte, arbeitet (oder spielt) mit- und gegeneinander, kennt Tricks und falsche Fährten. Das Ganze entbehrt nicht eines gewissen Unterhaltungswerts (das Interesse der Medien an der Börse ist in den letzten Jahren deutlich gewachsen), und für Nichteingeweihte flirrt um dieses Geschäft der Zahlen und Kurven ein mysteriöser Zauber, der es spannend macht.

Das Spiel an der Börse funktioniert nach ganz bestimmten festgesetzten Regeln, die es, will man zu den Gewinnern gehören, zu durchschauen gilt. Spielen Sie es deshalb wie »Mensch ärgere dich nicht«, oder besser: Spielen Sie es wie ein Stratege, so, als spielten Sie Schach. In jedem Spiel gibt es feste Regeln, die es zu beachten gilt, und es gibt ein paar Tricks, die die Gewinnchancen steigen lassen. Und diese Tricks möchte ich Ihnen verraten.

Die Börse ist ein Markt, an dem gekauft und verkauft wird. Unternehmen geben Anteile ihrer Aktiengesellschaft auf den freien Markt und geben damit Anlegern die Chance, sich einen Teil des Unternehmens zu kaufen. Die Anleger entscheiden, welchem Unternehmen sie das größte Wachstumspotenzial zutrauen, und kaufen Aktien dieser Gesellschaft. Da die Anzahl der Aktien begrenzt ist, kann nur dann gekauft werden, wenn auf der anderen Seite ein Verkäufer da ist, und nur dann verkauft werden, wenn jemand Bereitschaft signalisiert, Anteile zu kaufen.

Natürlich muss jemand den Kauf und Verkauf dieser Anteile koordinieren und den jeweiligen Preis festlegen, der sich aus Angebot und Nachfrage errechnet. Dies tun so genannte Makler oder Händler, die an den unterschiedlichen Börsenplätzen sitzen und Kauf- und Verkauforders entgegennehmen.

Die Makler erhalten einen bestimmten Prozentsatz Courtage, also eine Art Provision, für das abgewickelte Geschäft. Makler sitzen in Deutschland an den Börsenplätzen in Frankfurt am Main, Berlin, München, Düsseldorf, Hamburg, Stuttgart, Hannover und Bremen und im Xetra-Handel, dem Computerhandel. Als Währungseinheit gilt an allen Börsenplätzen seit dem 1. Januar 1999 der Euro. Die Börsen sind als Handelsplätze weitgehend frei; die Börsenaufsicht wacht darüber, dass alles seinen rechten Gang geht.

Als Anleger können Sie entscheiden, an welchem Handelsplatz Sie Ihre Aktien ordern. Der gegenseitige Konkurrenzdruck bringt es auch im Börsengeschäft mit sich, dass sich die einzelnen Börsen auf unterschiedliche Zielgruppen konzentrieren und somit auch unterschiedliche Konditionen anbieten, die sich vor allem am Preis der Aktie, der Geschwindigkeit, mit der Aufträge ausgeführt werden, und dem Service, den die jeweilige Börse bietet, ablesen lassen. In jedem Fall versucht man, an den einzelnen Handelsplätzen so kundenfreundlich wie möglich zu agieren.

Wenn Sie Aktien kaufen möchten, müssen Sie zunächst ein Depot bei einer Bank eröffnen, in dem die Wertpapiere verwaltet werden. Dann geben Sie Ihrer Bank per Telefon, Fax, online oder persönlich den Auftrag, für Sie zu kaufen. Dabei nennen Sie die Wertpapierkennnummer (WKN) Ihrer Aktie, die Stückzahl und den Börsenplatz. Sie können auch einen Preis, in der Börsensprache heißt das ein »limit«, festsetzen, bis zu dem Sie kaufen möchten – also zum Beispiel sagen, »Ich möchte 100 Aktien des Unternehmens DaimlerChrysler zu maximal 50 Euro in Stuttgart kaufen«, oder aber eine unlimitierte Order abgeben, das heißt, Sie geben Ihrer Bank den Auftrag, 100 Aktien zum aktuellen Kurs zu kaufen.

Ich empfehle Ihnen, nie mehr als drei bis vier Werte

in ihrem Depot zu halten. Manche Anleger haben zehn Werte in ihrem Portfolio. Tun Sie das niemals! Kein Mensch kann seine Augen und Ohren überall haben. Es ist meines Erachtens wesentlich sinnvoller, sich auf wenige Werte zu konzentrieren, bei diesen aber stets auf dem Laufenden zu sein. Konzentrieren Sie sich auf die wenigen Werte, die Sie besitzen.

Im letzten Punkt vertrete ich eine Meinung, der viele Börsenanalysten, Berater und Fondsmanager widersprechen werden. Oftmals wird den Anlegern geraten, ihr Portfolio möglichst breit zu streuen. Aber glauben Sie mir: Ich konnte nur deshalb so schnell reich werden, weil ich mich immer auf ganz wenige Werte konzentriert habe, doch dazu später mehr.

Mein Tipp:

- Spielen Sie das Börsenspiel nach einer konsequenten Strategie und festgelegten Regeln.
- Informieren Sie sich – der wichtigste Faktor, den Sie investieren müssen, ist Zeit.
- Halten Sie nie mehr als drei bis vier Werte in Ihrem Depot.

Sichern Sie sich ab

Man sollte dafür sorgen, dass die Dinge so kommen, wie man sie nehmen möchte.

C. Goetz

Um allzu große finanzielle Risiken auszuschließen, sollten Sie unbedingt bei jeder Aktie, die Sie im Depot haben, einen Stopp-Loss setzen. Ein Stopp-Loss sichert Sie nach unten hin ab und begrenzt mögliche Verluste, sollte der Kurs des Wertpapiers mehr als im Rahmen der üblichen Schwankungen fallen. Sobald Sie eine Aktie kaufen, geben Sie Ihrer Bank gleichzeitig den Auftrag, das Papier zu verkaufen, wenn es auf ein bestimmtes Kursniveau sinken sollte. Ihre Bank gibt diesen Auftrag in den Computer ein, und die Aktie wird automatisch verkauft, wenn sie das angegebene Niveau erreicht. Setzen Sie Ihren Stopp-Loss zehn, maximal 15 Prozent unter dem Einkaufskurs und halten Sie diese Regel ohne Ausnahmen ein. Ein Beispiel: Sie kaufen eine Aktie im Wert von 50 Euro. Dann geben Sie Ihrer Bank den Auftrag, die Aktie zu verkaufen, wenn diese auf 45 Euro fallen sollte.

Stellen Sie sich vor, Sie sitzen in zwei bis drei Jah

ren mit Ihren Freunden beim Stammtisch und diskutieren über die Börse. Dann können Sie erzählen, dass Sie noch nie in Ihrem Leben mit einer Aktie mehr als zehn Prozent Verlust gemacht haben. Ich garantiere Ihnen jetzt schon, dass alle Sie ungläubig anschauen werden. »Wie ist das möglich«, werden Ihre Bekannten und Freunde fragen, »du spekulierst schon jahrelang an der Börse und hast noch nie mehr als zehn Prozent Verlust gemacht? Hast du so gute Werte in deinem Depot? Das gibt es doch gar nicht!« Dann können Sie voller Überzeugung sagen: »Ich hatte die gleichen Aktien wie ihr alle! Ich habe aber stets zehn Prozent unter meinem Einkaufspreis einen Stopp-Loss gesetzt. Das begrenzt das Risiko und bewahrt mich vor hohen Verlusten!«

Bedenken Sie: Wenn Sie 50 Prozent Verlust machen, müssen Sie 100 Prozent Gewinn realisieren, wenn Sie 60 Prozent Verlust einfahren, müssen Sie 150 Prozent Gewinn erzielen, wenn Sie 70 Prozent Verlust haben, müssen Sie etwa 240 Prozent Gewinn erreichen, und wenn Sie 80 Prozent Verlust machen, müssen Sie 400 Prozent Gewinn verwirklichen. Dies mag auf den ersten Blick erschreckend klingen, es ist aber die reine mathematische Wahrheit. Auch ich habe anfangs die Stopp-Loss-Regel nicht immer eingehalten und musste daraufhin bittere Verluste hinnehmen. Ich habe eine Menge daraus gelernt und möchte Ihnen meine Erfahrungen weitergeben. Es genügt vollkommen, wenn einer diese Fehler – und damit finanzielle Verluste – macht und anschließend alle daraus lernen.

Natürlich sollten Sie Ihre Stopp-Kurse auch regelmäßig dem Wert Ihrer Aktie anpassen. Steigt Ihre Aktie, die Sie bei 50 Euro gekauft haben, auf 100 Euro, setzen Sie auch den Stopp-Kurs entsprechend höher bei etwa 80 bis 90 Euro. Je höher Ihre Aktie steigt, desto flexibler können Sie Ihren Stopp-Loss handhaben: Geben Sie einer Aktie, mit der Sie bereits mehr als 50 Prozent Gewinn erzielt haben, ruhig etwas mehr Spielraum und setzen Sie den Stopp-Loss dann etwa 20 Prozent unter dem erreichten Kurs. Eine Aktie, die schnell ansteigt, unterliegt auch gewissen Schwankungen und kann deshalb auch einmal zehn bis 15 Prozent fallen, ohne dass Sie sich gleich davon trennen sollten. Entscheidend ist immer der Schlusskurs; doch dazu später mehr.

Immer wieder treffe ich auf Anleger, die mir erzählen, Sie seien in Urlaub gefahren, in der Zwischenzeit seien ihre Aktien stark gefallen und sie hätten große Einbußen erlitten. Dies kann Ihnen nicht passieren, wenn Sie konsequent Ihre Stopp-Loss-Orders setzen und diese auch regelmäßig anpassen. Auch die Urlaubszeit ist hier keine Entschuldigung. Natürlich kann es immer wieder vorkommen, dass negative Nachrichten den Kurs einer Aktie einbrechen lassen. Aber argumentieren Sie dann nicht, Sie seien im Urlaub gewesen und hätten nicht reagieren können. Durch das intensive Beobachten des Kursverlaufs auch im Urlaub oder durch das Setzen eines Stopp-Loss-Limits können Sie unangenehmen Folgen vorbeugen. Wenn Sie hochspekulative Werte aus den

Wachstumsbranchen des Neuen Marktes oder der NASDAQ halten, kann es zuweilen auch ratsam sein, diese Aktien zu verkaufen, bevor Sie Ihren Urlaub antreten.

Stopp-Loss-Limits sollten Sie übrigens niemals bei glatten Marken setzen, wie es die meisten Anleger praktizieren. Stellen Sie sich vor, um das vorangegangene Beispiel noch einmal aufzugreifen, Sie besitzen eine Aktie im Wert von 100 Euro und haben den Stopp-Loss bei 90 Euro gesetzt – dann können Sie davon ausgehen, dass hunderte anderer Anleger das Gleiche getan haben. Sollte aufgrund negativer Nachrichten der Kurs dieser Aktie einbrechen, wird bei 90 Euro eine wahre Verkaufslawine ausgelöst, und Sie können nicht sicher sein, dass Sie tatsächlich noch 90 Euro als Gegenwert erhalten. Vielleicht fällt der Kurs so schnell, dass für Sie nur noch 85 oder gar nur 80 Euro übrig bleiben. Setzen Sie Ihren Stopp-Loss also immer bei ungeraden Marken, zum Beispiel bei 90,3 Euro. Nur dann können Sie einigermaßen sicher gehen, dass Sie tatsächlich zu den Ersten gehören, die verkaufen und den adäquaten Gegenwert gutgeschrieben bekommen.

Man mag jetzt argumentieren, dass man durch das Setzen von Stopp-Loss-Orders auch Gefahr läuft, eine Aktie, die starken Kursschwankungen unterworfen ist, zu schnell zu verkaufen und dass man sich dadurch die Chance auf weitere Gewinne verbaut. Dies ist für den einen oder anderen Fall sicherlich richtig, und hin und wieder wird Ihnen ein möglicher

Gewinn entgehen. Trotzdem bleibe ich bei meiner Theorie und ich rate Ihnen, sie im Sinn einer konsequenten Risikominimierung zu beherzigen: Die Stopp-Loss-Strategie sichert Sie langfristig ab und bewahrt Sie davor, große Verluste zu machen.

Sollte es Ihnen in turbulenten Börsenzeiten passieren, dass Ihre Aktien mehrmals hintereinander um zehn Prozent fallen und Sie immer wieder durch einen ausgelösten Stopp-Loss verkaufen müssen, rate ich Ihnen, sich zunächst einige Wochen aus dem Börsengeschehen zurückzuziehen und Geduld zu üben, bis sich der Markt wieder beruhigt hat. In unsicheren Märkten ist es empfehlenswert abzuwarten, bis sich die Zeiten wieder bessern, und dann neu einzusteigen. Auch Geduld kann eine Tugend sein, die an der Börse zum Erfolg beiträgt.

Mein Tipp:

- Setzen Sie konsequent Stopp-Loss-Limits. So sichern Sie sich gegen eventuelle Verluste ab und Ihnen kann nicht viel passieren.

- Passen Sie Stopp-Loss-Orders regelmäßig dem gestiegenen Wert Ihrer Aktie an.

- Setzen Sie Stopp-Loss-Orders bei ungeraden Marken, um sicher zu gehen, dass Sie im Fall eines Verkaufs noch den gewünschten Preis dafür erzielen.

- Sollten Sie in volatilen Börsenzeiten immer wieder durch ausgelöste Stopp-Kurse verkaufen müssen, investieren Sie nicht neu, sondern warten Sie ab und üben Sie sich in Geduld. Auch Geduld ist eine Tugend, die man an der Börse lernen muss.

Nehmen Sie Ihre Geldangelegenheiten selbst in die Hand

Das größte Vergnügen im Leben besteht darin,
das zu tun, von dem die Leute sagen,
du könntest es nicht.

WALTER BAGEHOT

In den nächsten Kapiteln will ich Ihnen erzählen, wie ich meine ersten Erfahrungen mit Anlageberatern, Kursschwankungen und Spekulationsfristen machte. Ich glaube, dass sich aus diesen individuellen Erlebnissen durchaus allgemein gültige Erkenntnisse ableiten lassen, denn meine Erfahrungen scheinen mir geradezu typisch für jeden Neuling zu sein, der im Begriff ist, das Terrain Börse zu betreten.

Im Alter von 16 Jahren hatte ich über einen längeren Zeitraum die Entwicklung der Volkswagen-Aktie verfolgt und kam zu dem Ergebnis, dass es sinnvoll sei, in diese Gesellschaft zu investieren. Das Unternehmen schien mir solide und die Geschäftspolitik überzeugte mich. Also ging ich zu meiner Bank, um mich noch einmal beraten zu lassen und auch ganz sicher zu gehen. »Was halten Sie von der VW-Aktie?« fragte ich unseren Anlageberater. »Sie steht bei 330 Mark, und ich beobachte sie schon seit längerem.

Glauben Sie, da ist noch Potenzial vorhanden?« Mein Bankberater riet mir dringend von einem Kauf ab. Diese Aktie sei, so seine Meinung, in den letzten Monaten viel zu schnell gestiegen, die Chance auf Gewinne sei, wenn man erst jetzt investiere, so gut wie ausgeschlossen und das Risiko, Geld zu verlieren, viel zu hoch. »Kaufen Sie bloß keine VW-Aktien!« riet er mir.

Ich war irritiert, kam aber letztlich für mich zu dem Schluss, dass dieser Mann, der jeden Tag in der Bank sitzt und Geldgeschäfte abwickelt, sicher mehr Ahnung von Investitionen und Börsenmärkten hat als ich. Ich selbst knetete jeden Tag meinen Brötchenteig und wusste zwar, wie man Kuchen backt oder lernte von meinen Eltern, wie man eine Bäckerei führt. Aber von Aktien – davon war ich überzeugt – hatte mein Bankberater sicherlich mehr Ahnung als ich. Ich vertraute seinem Rat und verzichtete auf den Kauf.

Drei Monate später stand die VW-Aktie bei 600 Mark. Ich ärgerte mich fürchterlich und war wegen der verpassten Chance ziemlich verstimmt. Allerdings suchte ich die Schuld nicht bei meinem Anlageberater, vielmehr haderte ich mit mir selbst, weil mir der Mut gefehlt hatte, tatsächlich zu investieren. Mein Zögern war meine freiwillige Entscheidung gewesen, ich hatte diese einmalige Chance ungenutzt vorüberziehen lassen und konnte niemand anderen als mich selbst dafür verantwortlich machen.

Damals musste ich mich von meiner Vorstellung lösen, dass ein Bankberater die personifizierte Weisheit sei, wenn es um lukrative Anlagemöglichkeiten geht. Anlageberater können Ihnen Hilfestellungen und Tipps geben, was Investitionen angeht. Aber Sie dürfen nicht glauben, dass sich Banken ernsthaft um die Vermehrung Ihres Kapitals kümmern. Um Ihr Kapital kümmern alleine Sie sich. Banken sind keine Wohlfahrtsinstitute, die großes Interesse daran haben, ihren Kunden zu Reichtum zu verhelfen. Banken sind Wirtschaftsunternehmen, und Wirtschaftsunternehmen arbeiten nun einmal nach den Prinzipien der Gewinnmaximierung. Dies ist nichts Verwerfliches, vielmehr ist es Sinn, Zweck und Aufgabe einer jeden Bank, mit Geld zu handeln, um Geld zu vermehren – und zwar das eigene Geld, nicht unbedingt das ihrer Kunden. Also lösen Sie sich von der Vorstellung, Ihre Bank würde sich um das Depot jedes einzelnen Kunden persönlich kümmern. Um Ihr Depot kümmern Sie sich alleine. Deshalb müssen Sie Ihre Geldangelegenheiten von heute an selbst in die Hand nehmen, die angebotenen Konditionen prüfen und selbständig Entscheidungen treffen.

Wenn Sie heute zu Ihrer Bank gehen und sich über lukrative Anlagemöglichkeiten beraten lassen, wird man Ihnen mit hoher Wahrscheinlichkeit einen Standardwert aus dem Deutschen Aktienindex oder aber einen hauseigenen Fonds nahe legen.

Nur in den seltensten Fällen wird Ihnen Ihr Bankberater zu einem Wert aus dem Neuen Markt oder der NASDAQ raten. Die Gründe dafür sind aus seiner Sicht durchaus verständlich:

- Zum einen sind Bankangestellte angewiesen, Aktien zu empfehlen, die im Jahr nicht viel mehr als fünf bis sechs, maximal zehn Prozent steigen. Sie müssen solche Papiere befürworten, weil hier natürlich auch das Risiko geringer ist, dass die Aktie stark an Wert verliert. Und welche Bank könnte es sich schon erlauben, hochspekulative Papiere anzupreisen und ihre Kunden damit eventuell an den Rand des finanziellen Ruins zu treiben?
- Zum anderen hat Ihr Bankberater keinen Vorteil, wenn er Ihnen einen spekulativen Wert aus einer wachstumsstarken Branche empfiehlt. Sollte dieser Wert um 50 Prozent steigen, bedanken Sie sich vielleicht bei ihm, wenn Sie ein höflicher Mensch sind. Sollte dieser Wert aber um 50 Prozent fallen, ohne dass Sie einen Stopp-Loss gesetzt haben, werden Sie Ihren Bankberater für seine Empfehlung zur Rechenschaft ziehen.

Möglicherweise wird man Ihnen in Ihrer Bank auch einen Fonds anbieten, den das Geldinstitut selbst aufgelegt hat oder an dem es prozentual beteiligt ist. Es liegt auf der Hand, dass Banken, wie alle Wirtschaftsunternehmen, ein berechtigtes Interesse daran haben, die eigenen Produkte an ihre Kunden zu verkaufen. Außerdem stehen Bankangestellte natürlich auch gegenüber ihrem Geldinstitut und ihren Vorgesetzten in der Pflicht. Wenn Ihr Anlageberater also von seinem Vorgesetzten den Auftrag erhalten hat, in den nächsten Wochen einen ganz bestimmten Fonds zu verkaufen, und anschließend kommen Sie in die Bank und fragen, wie Sie investieren sollen – was glauben Sie, wird er Ihnen raten? Er wird selbstverständlich den Fonds befürworten, den er verkaufen soll. Und dies ist aus seiner Sicht auch absolut legitim und vernünftig. Akzeptieren Sie seine Offerte daher nicht sofort, sondern prüfen Sie auch andere Angebote. Gerade bei Investmentfonds gibt es enorme Unterschiede, was die Wertentwicklung, den Ausgabepreis und jährliche Verwaltungsgebühren angeht. Außerdem lohnt es sich, wenn man sich, bevor man zur Bank geht, schon einmal einen Überblick über die derzeitige Marktsituation verschafft hat.

Ein weiteres Beispiel: Nach einigen Jahren Abstinenz vom Börsenmarkt wechselte ich das Geldinstitut und ging zu einer neuen Bank, um wieder Aktien zu kaufen. Der Anlageberater empfing mich freudestrahlend mit dem Satz: »Na, Herr Frick, was möchten Sie kaufen?« Ich antwortete ihm höflich, aber zurückhaltend: »Mich würde interessieren, was ich beim Ankauf und Verkauf meiner Aktien an Provision zu zahlen habe.« Er sah mich etwas überrascht an und meinte dann: »Den ganz normalen Satz, nämlich ein Prozent des Geldes, das Sie investieren. Ein Prozent zahlen Sie beim Kauf, und ein Prozent zahlen Sie beim Verkauf Ihrer Aktien.«

In einem Börsenmagazin hatte ich gelesen, dass man mit seiner Bank die Provisionssätze durchaus individuell verhandeln könne. Also sammelte ich meinen

Mut und antwortete: »Ich bin nicht bereit, so viel zu zahlen. Ich zahle ein halbes Prozent. Nicht mehr und nicht weniger.« Der Anlageberater erbat sich einen Tag Bedenkzeit, um mit dem Filialleiter Rücksprache zu halten. Am nächsten Tag rief er mich an und meinte: »Herr Frick, wir gehen auf ihr Angebot ein. Sie müssen nur ein halbes Prozent beim An- und Verkauf bezahlen.«

So konnte ich nur durch etwas Verhandlungsgeschick einen nicht unerheblichen Betrag sparen, den ich sonst für Gebühren hätte abführen müssen. Es lohnt sich also durchaus, mit seinem Anlageberater zu verhandeln. Da eine Bank, wie andere Wirtschaftsunternehmen auch, mit ihren Kunden Geld verdienen muss, um ihre Kosten zu decken, wird sie nach marktwirtschaftlichen Maximen handeln. Mittlerweile ist der Konkurrenzdruck – dank der Discountbroker und Onlinebanken – unter den Geldinstituten so massiv geworden, dass Sie als Kunde durchaus davon profitieren können.

Wenn Sie heute ein Depot eröffnen und Aktien kaufen, handeln Sie, als hätten Sie ein eigenes Unternehmen. Sie kaufen und verkaufen Waren, treffen finanzielle Entscheidungen und wirtschaften mit dem Ziel, möglichst günstig einzukaufen und so Gewinn bringend wie möglich zu verkaufen. So, wie professionelle Geschäftspartner vor einem Abschluss faire Konditionen aushandeln, mit denen beide Parteien zufrieden sind, sollten auch Sie handeln, wenn es um Ihr Erspartes geht. Bedenken Sie auch, dass Sie als selbständiger Unternehmer in Ihren Betrieb investieren müssen. Die entscheidenden Investitionen, die Sie einbringen müssen, sind Ihr Wissen und natürlich der Faktor Zeit, den Sie für Ihre Geschäfte aufwenden.

Mein Tipp:

- Vertrauen Sie auf sich selbst, wenn es um Ihr Geld geht.
- Freuen Sie sich, wenn Sie von Ihrer Bank gut beraten werden – aber vergleichen Sie trotzdem mit anderen Angeboten.
- Als Aktionär sind Sie selbständig, und Sie müssen in Ihr eigenes Unternehmen investieren. Die wichtigsten Investitionen, die Sie einbringen, sind Wissen und Zeit.

Werfen Sie nicht gleich die Flinte ins Korn

Wer den Verlust fürchtet,
kann keine Gewinne machen.

George Soros

Ich mache einen kleinen Schritt in der Chronologie der Ereignisse zurück. Als ich 18 Jahre alt war, musste ich bittere Verluste im Aktiengeschäft hinnehmen. Irakische Soldaten waren in Kuwait einmarschiert und hatten die Ölfelder besetzt. Als die Amerikaner intervenierten, spitzte sich die Situation am Persischen Golf weiter zu: Die weltpolitische Lage geriet in eine Krise und mit ihr der gesamte Aktienmarkt. Innerhalb weniger Tage brachen die Kurse ein. Ich war zu dieser Zeit im Urlaub und hatte es versäumt, einen Stopp-Loss zu setzen.

Die VW-Aktie, die ich letztendlich doch bei 500 Mark gekauft hatte, war bereits auf 720 Mark gestiegen, fiel dann aber mit Ausbruch des Krieges auf 250 Mark zurück. Aus dieser Kursschwankung lernte ich damals schmerzhaft, dass instabile politische Situationen sich unmittelbar auf Aktienkurse auswirken können. Wechselhafte Zeiten – seien es Neuwahlen in der Politik, wirtschaftliche Entscheidungen wie die

Steuerreform, Zinserhöhungen, Unruhen, Krisen oder Kriege in der Welt – verunsichern Bürger und lassen Anleger in Panik geraten. Wenn diese ihre Investments hektisch aus dem Markt zurückziehen, kommt es zum Crash.

Diese Erfahrung sollte mir für zukünftige Börsenspekulationen eine unvergessliche Lehre sein. In meiner Verzweiflung beging ich den Fehler, meine VW-Aktie bei 250 Mark entnervt zu verkaufen und mich vollkommen aus dem Börsengeschäft zurückzuziehen. Wenige Wochen nach Kriegsende hatte sich der Aktienmarkt erholt und die VW-Aktie stand wieder bei 600 Mark. Ich war um die Hälfte meines Einsatzes ärmer und um einige Erfahrungen reicher.

Die erste Lehre, die ich aus meiner Misere zog, war, zukünftig nie mehr ohne Stopp-Loss zu arbeiten. Die zweite Lektion, die ich lernen musste, mag auf den ersten Blick nicht unmittelbar einleuchtend erscheinen, bewahrheitet sich aber, wenn man das Börsengeschehen länger kennt:

Steige niemals ganz aus dem Markt aus, wenn du viel Geld verloren hast.

Wenn Sie aus irgendeinem Grund große Verluste an der Börse erlitten haben, behalten Sie einen kühlen Kopf und verkaufen Sie so schnell wie möglich Ihre Verlustaktien. Analysieren Sie dann die Fehler, die Sie gemacht haben, nehmen Sie Ihr verbliebenes Kapital und investieren Sie neu. Und versäumen Sie es nicht, bei einer ungeraden Marke einen Stopp-Loss zu setzen.

Als ich mit 18 Jahren die Hälfte meines Einsatzes verspekuliert hatte, war ich so frustriert, dass ich die nächsten Jahre keinen Pfennig mehr investieren wollte. Trotzdem wusste ich, dass ich die Schuld für diesen Verlust nicht im Aktienmarkt zu suchen hatte, sondern allein bei mir. Ich hatte viel Geld gewonnen und hatte es versäumt, die Aktie rechtzeitig wieder zu verkaufen. Mir war ebenso bewusst, dass mich diese Erfahrung eine Menge gelehrt hatte und dass mich das Geschehen an der Börse auch nicht so schnell loslassen würde. Damals gab es für Festgeld fast neun Prozent Zinsen, und der Aktienmarkt wollte sich nicht so recht bewegen. Also legte ich mein verbliebenes Geld zunächst auf einem Festgeldkonto an und deponierte auch weitere Ersparnisse dort.

Trotz, vielleicht auch wegen meiner Erkenntnisse, beschäftigte mich das Thema Aktienhandel in den folgenden Jahren weiter. Mich faszinierten die steigenden Kurse und die Vorstellung, wie leicht man damit Geld verdienen konnte, wenn man nur auf ein einziges Erfolg versprechendes Wertpapier setzte.

Es dauerte einige Jahre, bis ich wieder bereit war, an der Börse aktiv zu werden und mitzuspielen. Diese Bedenkzeit sollte mich aber nicht daran hindern, einen alten Fehler noch einmal zu begehen. Ich hatte mich gründlich informiert und wollte Mobilcom-Aktien kaufen. Ich ging zu meiner Bank, traf dort einen Angestellten aus dem Betrieb meiner Eltern und erzählte ihm beiläufig, dass ich vorhätte, in Mobilcom zu investieren. Er war völlig entsetzt: »Machen Sie das bloß nicht, Herr Frick, Sie begehen einen großen Fehler!« Ich antwortete ihm: »Warum? Mobilcom finde ich gut, es ist der günstigste Handyprovider!« Er riet mir dringend davon ab, meinte, diese Aktie sei viel zu spekulativ, das Unternehmen viel zu klein, der Neue Markt viel zu unsicher. Mich verließ der Mut, ich dachte an meine letzte Börsenerfahrung und kehrte unverrichteter Dinge wieder nach Hause zurück. Innerhalb eines Jahres schwammen mir 2000 Prozent Gewinn davon, denn die Mobilcom-Aktie stieg in nur zwölf Monaten von 100 auf 2000 Mark.

Manchmal muss man einen Fehler zweimal machen, um daraus zu lernen. Deshalb wiederhole ich es an dieser Stelle noch einmal: Hören Sie nicht auf die spontanen Ratschläge anderer, wenn Sie sich in einer Sache umfassend informiert haben und von einem Wertpapier überzeugt sind. Hören Sie nur auf sich selbst, machen Sie aber auch nie andere für Ihre Entscheidungen verantwortlich.

Mein Tipp:

- Politische Entscheidungen können das Börsengeschehen sehr stark beeinflussen. Sehen Sie Nachrichten und achten Sie auf möglich Umbrüche.

- Steigen Sie nicht aus der Börse aus, wenn Sie bereits viel Geld verloren haben. Analysieren Sie Ihre Fehler und investieren Sie neu.

- Sie selbst sind für Ihr Handeln und für Ihre Entscheidungen verantwortlich. Treffen Sie eine Entscheidung und stehen Sie dazu.

Mein erstes Jahr

Du bist, was du wagst.

XAVIERA HOLLANDER

Im August 1997 hatte ich, dank meiner vielfältigen Jobs, die mich auch daran hinderten, abends und an Wochenenden viel Geld für die Freizeitgestaltung auszugeben, 100 000 Mark angespart. Das Geld lag sicher und bequem auf meinem Sparbuch und brachte mir vier Prozent – ich wiederhole: vier Prozent! – Zinsen ein, Jahr für Jahr. Und ich saß noch immer auf meiner Couch und beobachtete staunend und fasziniert den DAX, der zu dieser Zeit nur eine Richtung kannte: steil nach oben.

Ganz besonders angetan hatte es mir die SAP-Vorzugsaktie, ein Wert, dessen Entwicklung ich über Monate hinweg beobachtet und analysiert hatte, und der dem ohnehin steigenden DAX forsch um Riesenschritte vorauseilte. Und dann träumte ich davon, diese Aktie zu besitzen, und rechnete mir in meinem Musterdepot, das ich mir angelegt hatte, tagtäglich meine Gewinne aus. Es war unglaublich: Hätte ich vor zwölf Monaten in diesen Wert investiert, ich hätte mein Vermögen innerhalb eines Jahres verdoppelt!

Ich informierte mich über das Unternehmen SAP, über die Unternehmensphilosophie, die Aufgabenstellung und die Rendite, die dort erwirtschaftet wurde. Ich erkundigte mich über die Marktchancen und die erwarteten Wachstumsraten und setzte mich intensiv mit diesem Unternehmen auseinander. Mir wurde klar, dass man eine solche Aktie wie das SAP-Wertpapier eigentlich besitzen *musste*.

Zudem wollte ich mein Geld nicht noch einmal für magere vier Prozent anlegen. Ich wusste, dass es mir in den vergangenen Jahren an der nötigen Courage gemangelt hatte, um wieder an der Börse einzusteigen. Gleichzeitig fühlte ich mich, als würde ich eine wichtige Chance in meinem Leben verpassen. Warum sollte ich mich weiterhin von mageren vier Prozent frustrieren lassen, wenn ich im Aktienmarkt die große Chance witterte?

Ich fasste mir ein Herz und ging wieder zu meiner Bank, um ein neues Depot zu eröffnen. Nach dem obligatorischen Beratungsgespräch fragte mich der Anlageberater, ob ich alles verstanden hätte. Ich antwortete ja, das hätte ich. Und ich wollte gerne mein gesamtes gespartes Vermögen in SAP-Wertpapieren anlegen. Er blickte mich ungläubig, erschrocken und sehr skeptisch an und meinte, dass ich ein sehr hohes Risiko eingehen würde, wenn ich mein ganzes Geld auf nur eine Aktie setzen würde. Daraufhin erwiderte ich ihm, dass ich mit 30 Jahren meine erste Million haben wolle und deshalb ein sehr hohes Risiko eingehen müsse. Ich sah, wie sich sein bislang leicht erschrockener Gesichtsausdruck zu einem verschmitzten Schmunzeln wandelte. An diesem Tag kaufte ich 240 SAP-Vorzugsaktien für 420 Mark pro Stück.

Natürlich interessierte mich das Börsengeschehen nun umso mehr. Ich bediente mich aller denkbaren Informationsquellen, verfolgte den Kurs meiner SAP-Aktie über Videotext und im Wirtschaftsteil der Zeitung und kaufte mir die einschlägigen Börsenmagazine, die auf dem Markt kursierten. In diesem Zusammenhang entdeckte ich dann auch die Zeitschrift *Der Aktionär,* ein Börsenmagazin, das mich heute noch begleitet und dem ich zahlreiche exzellente Empfehlungen entnommen habe.

Ich will Ihnen im Folgenden schildern, auf welchen Umwegen ich zu meiner ersten Million gelangte. Ich tue es in einer gewissen Ausführlichkeit, damit Sie sehen können, mit welchen Höhen und Tiefen in diesem Geschäft zu rechnen ist, auch wenn am Ende ein großartiges Ergebnis erzielt wird.

Meine SAP-Aktie fiel erst einmal. Sie ging zurück bis auf 405 Mark, hatte aber den von mir eisern gesetzten Stopp-Kurs noch nicht erreicht. Trotzdem zitterte ich gewaltig, wenn ich abends vor dem Fernseher saß und die Kurse abrief. Meine Stopp-Loss-Order hatte ich gesplittet: Bei 120 Aktien, also der Hälfte, hatte ich den Stopp-Kurs bei 403 Mark, bei der zweiten Hälfte hatte ich ihn bei 393 Mark gesetzt.

Ich musste nicht sehr lange bangen, denn meine SAP Aktie begann wieder zu steigen, sie ging hoch bis 450 Mark, und ich saß da und rechnete: Wenn meine SAP-Aktie um vier Mark stieg, machte ich 1000 Mark Gewinn. Um 1000 Mark zu verdienen, musste ich bisher knapp zwei Wochen arbeiten. So leicht kann es sein, an der Börse Geld zu verdienen!

Im Dezember 1997 wurde ich auf die Aktie des Computerunternehmens Dell aufmerksam. Bevor ich kaufte, sah ich mir sehr genau ihren Kursverlauf an und ließ mir den Geschäftsbericht des Unternehmens schicken. Die Zahlen und Umsatzerwartungen überzeugten mich, und ich kaufte bei 140 Mark. Vier Wochen später verkaufte ich die gleiche Aktie bei einem Kurs von 180 Mark.

Mit dem Gewinn, den ich mit der Dell-Aktie gemacht hatte, stieg ich bei dem Wertpapier 8 x 8 ein. Ich kaufte bei 12,40 Mark und musste jeden Tag mit ansehen, wie mein Vermögen kontinuierlich schrumpfte. Fünf Wochen später entschloss ich mich zum Verkauf, die Aktie stand inzwischen bei 10,50 Mark. Meine Dell-Aktie, die ich bei 180 Mark verkauft hatte, notierte mittlerweile bei 230 Mark. Ich war deprimiert, beschloss aber trotzdem, nicht so schnell aufzugeben.

Im Februar 1998 wollte ich in die Aktie der Berliner Freiverkehr AG investieren. Die Aktie stand damals bei 500 Mark. Mein Bankberater reagierte bestürzt und riet mir dringend davon ab. Das Papier, so seine Argumentation, sei hochspekulativ, das Risiko, alles zu verlieren, beträchtlich. Ich vertraute ihm. Eine

Woche später stand die Aktie der Berliner Freiverkehr bei 600 Mark.

Ich kann meiner Bank keine Vorwürfe machen, denn, das habe ich ja schon einmal erwähnt, für alles was Sie tun, und damit auch für das, was Sie kaufen und verkaufen, sind immer nur Sie selbst verantwortlich. Ich bin im Gegenteil überaus zufrieden mit meinem Anlageberater, mit dem ich heute noch zusammenarbeite, aber mit seinen Kaufempfehlungen bei Aktien lag er nicht immer goldrichtig.

Ich informierte mich noch einmal sehr genau über die Geschäftssituation der Berliner Freiverkehr AG. Sie erschien mir solide und durchdacht. Also ging ich wieder zu meiner Bank und kaufte 100 Aktien dieses Unternehmens. Für diese Investition musste ich allerdings einen Teil meiner SAP-Aktien verkaufen, die inzwischen bei 750 Mark notierten. Zu diesem Zeitpunkt war auch die Spekulationsfrist für SAP, die 1997 nur ein halbes Jahr betrug, abgelaufen, und so konnte ich meine Gewinne steuerfrei realisieren.

Ich kaufte also Aktien der Berliner Freiverkehr AG, 100 Stück zu 600 Mark. Und wie das Schicksal eben so spielt, anschließend fiel diese Aktie auf 554 Mark. Ich hatte bei 550 Mark meinen Stopp-Loss gesetzt und geriet nun ganz schön ins Zweifeln. Schließlich beschloss ich für mich, das Risiko einzugehen und korrigierte meinen Stopp Loss noch einmal nach unten. Ich war derart überzeugt von diesem Papier und hatte so viel Vertrauen und Hoffnung in diese Aktie gesetzt, dass ich mir sicher war, sie würde wieder steigen. Man mag das Intuition nennen, in jedem Fall sagte mir mein Gefühl, dass ich bei dieser Aktie noch am Ball bleiben sollte.

Was dann passierte, erschien mir wie ein Traum. Mein Gespür hatte mich nicht getäuscht, und da ich mein Glück kaum fassen konnte, checkte ich mehrmals täglich die Aktienkurse, denn der Kurs meiner Wertpapiere der Berliner Freiverkehr AG kletterte unaufhörlich nach oben, von 550 auf 575, von 575 auf 600 Mark; er schien überhaupt nicht mehr zu bremsen zu sein. Eine Woche später stand die Aktie bei 800 Mark. Es war an einem Freitag, ich erinnere mich noch sehr gut, denn ich stand auf der Messe und verkaufte Eis, als ich erfuhr, dass ich an diesem Tag 20 000 Mark verdient hatte.

Ein großes Börsenmagazin hatte die Aktie der Berliner Freiverkehr AG in sein Musterdepot aufgenommen, eine wahre Kaufeuphorie ausgelöst und mich innerhalb eines Tages um diese gewaltige Summe reicher gemacht. Mit kindlicher Freude rechnete ich hoch, wie lange ich normalerweise arbeiten musste, um so viel Geld zu verdienen. Ich hatte zu dieser Zeit einen Urlaub geplant und trat nun mit einem Gefühl überschwänglicher Freude meine Reise an.

Ich genoss die freien Tage am Strand und telefonierte jeden Abend vor dem Essen mit meiner Freundin, die sich um den Kurs meiner Aktie kümmerte und mich täglich auf dem Laufenden hielt. Eines Abends fragte sie mich am Telefon: »Markus, bist du sicher, dass du wissen willst, wo deine Aktie steht?« Ich antwortete, schon mit einem Kribbeln im Bauch: »Natürlich, komm, verrate es mir!« – »Sie steht gerade bei 1200 Mark!«

Ich konnte es kaum glauben. Als ich nach Deutschland zurückkehrte, stand die Aktie bei 1800 Mark. Das heißt, ich hatte in meinen zwei Wochen Urlaub sage und schreibe 100 000 Mark verdient.

Der Aufschwung hielt an. Kurze Zeit darauf stieg die Aktie der Berliner Freiverkehr AG innerhalb eines Tages von 2000 auf 3000 Mark. An diesem Tag verdiente ich 100 000 Mark. Das war für mich fast das Dreifache meines Jahresnettogehalts. Das Geld, für das ich normalerweise fast drei Jahre arbeiten musste, hatte ich hier an einem einzigen Tag erwirtschaftet.

Wenn ich Ihnen dies so detailliert erzähle, dann tue ich es, um Ihnen eine Vorstellung von den unglaublichen Renditen zu geben, die der Handel mit Aktien in kürzester Zeit ermöglicht. Es dürfte kaum eine andere Form der Geldanlage geben, die derartige Margen für jeden Anleger bereithält.

Im Juli 1998 notierte der Kurs der Aktie der Berliner Freiverkehr AG bei 4200 Mark. Das waren für mich satte 360 000 Mark Gewinn. Und einen Monat später konnte ich alles steuerfrei verkaufen. So lange wollte ich noch warten ... Wer konnte wissen, welches Potenzial noch in dieser Aktie lag?

Meine SAP Papiere, die ich zu einem Einstiegskurs von 420 Mark gekauft hatte, hatten sich ebenfalls prächtig entwickelt. Sie notierten mittlerweile bei 1150 Mark das Stück. Und dieser Kurs schien mir gerade richtig, um hier die Gewinne zu realisieren und mitzunehmen.

Ich hatte wieder genügend Geld, um neu zu investieren, und wurde auf die Aktie Infomatec aufmerksam. Ich war mir allerdings nicht ganz sicher, ob sich eine Investition in dieses Wertpapier lohnte. Deshalb blätterte ich eine ganze Reihe von Börsenmagazinen durch, um zu sehen, dass diese Aktie positiv begutachtet und auch als Wert in das eine oder andere Musterdepot aufgenommen wurde.

Dann kam das berühmte Sommerloch. Es war im August 1998, also genau ein Jahr, nachdem ich das erste Mal in Wertpapiere investiert hatte, und die Kurse purzelten. Inklusive meiner Berliner-Freiverkehrs-Aktien, die nun bei 3000 Mark notierten, einem Kurs, bei dem ich sie nicht mehr verkaufen wollte. Also behielt ich sie, denn immerhin hatte ich ja schon umfangreiche Gewinne mit diesem Wertpapier realisiert, und ich hoffte, dass sich diese Aktie wieder erholen würde. Eigentlich hätte ich – wenn ich einen Stopp-Loss gesetzt hätte – maximal 20 Prozent unter dem all-time-high verkaufen müssen. Aber auch ich habe die Stopp-Loss-Regel damals nicht immer beherzigt, was, rückblickend betrachtet, ein Fehler war.

Warten Sie nicht, bis die Spekulationsfrist abgelaufen ist

Misserfolg ist die Chance, es beim nächsten Mal besser zu machen.

HENRY FORD

Gewinne, die Sie mit Aktien erzielen, sind nach einem Jahr steuerfrei. Das heißt, wenn Sie Ihre Aktien länger als ein Jahr halten, müssen Sie kein Geld aus den Erträgen an das Finanzamt abführen. Zum damaligen Zeitpunkt achtete ich deshalb stets penibel darauf, dass die Spekulationsfrist abgelaufen war, bevor ich meine Gewinne realisierte. Dies erwies sich, nachträglich gesehen, als großer Fehler. Heute würde ich Ihnen bei einem wirklich guten Wert empfehlen, nie zu warten, bis die Spekulationsfrist abgelaufen ist. Sie müssen nicht die gleichen Fehler machen, die ich auch schon begangen habe.

Als die Spekulationsfrist verstrichen war, stand die Aktie der Berliner Freiverkehrs AG nicht mehr bei 4200 Mark sondern nur noch bei 1800 Mark. Wäre ich früher ausgestiegen, hätte ich zwar meine Gewinne versteuern müssen, ich hätte allerdings auch sehr viel höhere Gewinne realisiert und diese höhere

Summe auch schneller wieder in andere Werte investieren können. Wenn Sie einen echten Highflyer im Depot haben, dann warten Sie nicht, bis die Spekulationsfrist abgelaufen ist, sondern nehmen Sie die Gewinne mit und zahlen Sie die anfallenden Steuern. Es lohnt sich. Wenn der Kurs einer Aktie innerhalb kurzer Zeit um 800 Prozent steigt, das heißt auch der Unternehmenswert um das achtfache zulegt, der Gewinn des Unternehmens mit diesem Wachstum aber nicht mithalten kann, dann sollten Sie Ihre Augen und Ohren offen halten, einen Stopp-Loss setzen und noch vor dem Ablauf der Spekulationsfrist aussteigen.

Die Steuerreform, die am 1. Januar 2001 in Kraft trat, brachte übrigens einige positive Änderungen für Aktionäre für den Fall, dass Sie Ihre Gewinne bereits vorher realisieren und Ihre Wertpapiere vor Ablauf der Jahresfrist veräußern wollen. Ab dem Jahr 2002 werden nämlich Gewinnausschüttungen und Gewinne sowie Verluste aus Aktienverkäufen nur noch nach dem so genannten Halbeinkünfteverfahren besteuert. Für Sie bedeutet das, dass Sie nur die Hälfte Ihrer Gewinne versteuern müssen. Ein Grund mehr, die Spekulationsfrist bei Werten, die sich innerhalb eines Jahres sehr gut entwickeln, außer Acht zu lassen und lieber das Finanzamt zu beteiligen, als eventuelle Kursrutsche hinnehmen zu müssen. Mit dieser neuen Regelung erhofft sich die Bundesregierung eine deutliche Entlastung der Unternehmensgewinne, die Förderung der Eigenkapitalbildung und die Schaffung attraktiver Anreize für Investoren aus dem In- und Ausland.

Ich blickte damals auf mein erstes Börsenjahr zurück und zog Resümee: Ich hatte mit 100 000 Mark mein ganzes angespartes Vermögen in Aktien investiert. Am Ende hatte ich 420 000 Mark daraus erwirtschaftet. Und das, obwohl die Kurse längst nicht mehr ihren Höchststand hatten, sondern sich im freien Fall nach unten bewegten. Trotzdem hatte sich mein anfangs investiertes Vermögen innerhalb eines Jahres mehr als vervierfacht!

Ich hatte in diesem ersten Jahr alle Widrigkeiten der Börse mitgemacht: die Highflyer und den Crash, die Bullen und die Bären. Aber alles in allem und unter dem Strich konnte ich äußerst zufrieden mit meinen Ergebnissen sein. Meine Risikobereitschaft hatte sich – durchaus wörtlich – in hohem Maß bezahlt gemacht.

Mein Tipp:

- Wenn Sie einen echten Highflyer im Depot haben, warten Sie nicht, bis die Spekulationsfrist abgelaufen ist. Realisieren Sie die Gewinne und investieren Sie wieder neu!

Die erste Million

Aktien kaufen ist kinderleicht –
sie zum richtigen Zeitpunkt zu verkaufen,
ist die wahre Kunst.

Es war im September 1998. Die Kurse purzelten. Ich sah die Tiefstände der Wertpapiere und witterte hier meine große Chance, denn viele Aktien hatten ihren Wert inzwischen halbiert – echte Kaufkurse also. Ich aber verfügte über kein Bargeld, das ich in die Niedrigkurse hätte investieren können. Ich überlegte, zögerte aber, meine Berliner-Freiverkehr-Aktien zu verkaufen, weil der Kurs so niedrig war, und vermied es ebenso, meine Infomatec-Aktien zu verkaufen, weil dieser Wert – entgegen jedem Trend und aufgrund zahlreicher Analystenempfehlungen – nur eine Richtung kannte: nach oben.

Ich tat etwas, was ich Ihnen nicht unbedingt empfehlen würde: Ich habe mir von meiner Bank einen Kredit einräumen lassen, um über freies Kapital zu verfügen. Ich erinnere mich noch sehr genau, wie ich diesen Kreditvertrag tagelang bei mir auf dem Wohnzimmertisch liegen hatte. Ich habe ihn immer wieder gelesen und gerechnet, ob das Risiko nicht zu hoch sei. War es vernünftig, einen Kredit für Wertpapiere aufzunehmen bei einem Zinssatz von immerhin sechs Prozent?

Ich fragte meinen besten Freund Stephan um Rat und er empfahl mir: »Ich würde keinen Wertpapierkredit aufnehmen, das ist viel zu gefährlich. Lass die Finger davon!« Ich aber sah die Tiefstände im Neuen Markt und witterte meine Chance. Dabei wusste ich aber auch, dass ich diesen Wertpapierkredit im Augenblick nicht einsetzen würde. Ich würde ihn nur in Ausnahmesituationen benutzen, wenn die Kurse richtig im Keller wären, wenn sich die Chance ergeben würde, tatsächlich extrem günstig einzusteigen und aktiv zu handeln.

Schließlich habe ich den Kreditvertrag unterschrieben, allerdings ohne ihn vorerst zu nutzen. Ende Oktober 1998 waren die Kurse im Neuen Markt richtig im Keller, und ich stieg wieder ein. Ich kaufte Anteile der Firmen Teles und Micrologica. Beide Aktien hatte ich mir sehr genau angesehen und detailliert beobachtet. Für mich war entscheidend, dass sie in vielen Medien gezielt analysiert und ausgezeichnet bewertet wurden. Also kaufte ich, denn gerade in einem schwachen Markt schien es mir richtig zu kaufen.

Da mir doch ein bisschen bange war, weil ich die Aktien mit fremden Mitteln finanziert hatte und ich eventuelle Verluste auf jeden Fall in Grenzen halten wollte, setzte ich strenge Stopp-Loss-Orders. Einige meiner Freunde, denen ich von meinem waghalsigen Unternehmen erzählt hatte, hielten mich für völlig verantwortungslos: »Markus, du musst verrückt sein!« hörte ich immer wieder.

Einen Tag später fiel Teles und es fiel auch Micrologica. Ich fühlte mich nicht besonders gut dabei, weil ich wusste, dass ich mit fremdem Geld handelte. Infomatec war zum damaligen Zeitpunkt erstaunlicherweise die Aktie, die gar nicht fiel, sondern immer weiter stieg. Sie glänzte durch ständige Medienpräsenz, und die Analysten äußerten sich zu dieser Aktie weiterhin sehr positiv.

Insgeheim glaubte ich daran, dass es auch mit meinen anderen Aktien irgendwann wieder aufwärts gehen würde, und ich nahm diese Tiefstände einfach hin. Tatsächlich: Nach etwa zwei Wochen begann der Markt, sich langsam zu erholen, und die Kurse stiegen wieder. Es stellte sich heraus, dass ich genau einen Tag vor dem absoluten Tiefpunkt gekauft hatte. Dies war natürlich ein gewisses Quäntchen Glück, aber ich hatte sicherheitshalber auch meine Stopp-Loss-Orders gesetzt.

Wie wichtig das setzen von Stopp-Loss-Orders ist, sehen Sie auch an der Performance von Werten wie Infomatec, Teles und Micrologica. Ich wurde dank dieser Werte zum Millionär, heute sind allerdings alle drei Aktien tief gesunken. Nehmen Sie diese Entwicklung als gutes Beispiel, um Ihr Depot aktiv zu pflegen und systematisch mit Stopp-Loss-Limits zu arbeiten.

An einem trüben Novembertag 1998 stand ich in der Backstube und machte gerade ein Blech Buttercroissants fertig. Das Telefon klingelte, mein Vater nahm den Hörer ab und rief dann quer durch die Backstube: »Markus, für dich!« Ich ging durch unsere Backstube, nahm mit teigigen Händen den Hörer entgegen und meldete mich. Am anderen Ende war mein Anlageberater. Er sagte:

»Hallo Herr Frick, ich wollte mich nur kurz bei Ihnen melden und Ihnen gratulieren. Sie sind seit einer Stunde Millionär!«

Da wurden meine Knie weich. Ich musste mich auf einen Stuhl setzen und fühlte, wie mein Herz kurz nach oben hüpfte. Es war mir gelungen! Insgeheim hatte ich mir ja schon vorher ausgerechnet, dass es nun bald so weit sein müsste, aber es war trotzdem ein unglaublich schönes Gefühl, es war Bestätigung und Anerkennung gleichermaßen, diese Stimme zu hören und von einem Anderen zu erfahren, dass ich jetzt Millionär sei. Sie können sich vielleicht vorstellen, wie ich anschließend jubelnd durch die Bäckerei gesprungen und meinen Eltern um den Hals gefallen bin. Ich hatte mein Ziel erreicht. Und das viel schneller, als ich es jemals zu träumen gewagt hatte. Innerhalb eines Jahres und dreier Monate hatte ich mein Vermögen verzehnfacht und war Millionär geworden. Ich hatte es geschafft.

Mein Tipp:

- Behalten Sie gute Nerven, wenn sich der Markt nach unten bewegt. Wenn Sie Ihre Stopp-Loss-Orders gesetzt haben, kann Ihnen nicht viel passieren.

- Freuen Sie sich über Tiefstände, und nutzen Sie die einmalige Chance einzusteigen. Niedrigkurse sind Kaufkurse und eine Freude für jeden Aktionär:
  Sie können neu investieren!

Ein gutes Gefühl

Nichts geschieht ohne Risiko,
aber ohne Risiko geschieht auch nichts.

WALTER SCHEEL

»Na, Herr Frick, jetzt haben wir es geschafft«, meinte mein Bankberater damals am Telefon. »Jetzt können Sie aufhören und sich ein kleines Häuschen gönnen, in die Toskana oder nach Mallorca fahren, Ihre Million genießen und von den Zinsen leben!« – »Geschafft?« fragte ich ihn entgeistert. »Aufhören? – Von wegen aufhören! Jetzt fange ich erst richtig an!« Ich war so begeistert, dass ich nicht mehr zu bremsen war. Mich zu diesem Zeitpunkt aus dem Börsengeschäft zurückzuziehen, entsprach überhaupt nicht meiner Mentalität. Jetzt, wo ich Börsenluft geschnuppert hatte, konnte ich doch nicht aufhören! Jetzt wollte ich es richtig auskosten! Und wenn ich es innerhalb von einem Jahr und drei Monaten geschafft hatte, mein Geld zu verzehnfachen, musste es auch möglich sein, es innerhalb der nächsten drei Jahre zu verdoppeln. Ich setzte mir also das Ziel, mit dreißig Jahren Euromillionär zu sein.

Die Kurse spielten mit. Bereits im Dezember 1998

hatte ich 1,1 Millionen Mark auf meinem Depotkonto. Im Januar wurden die Euro-Kurse eingeführt, und es gab eine richtige Hausse, also einen rasanten Kursanstieg am Neuen Markt. Am 15. Januar 1999 verbrachte ich meinen Urlaub auf dem Clubschiff Aida in der Karibik. Meinem Bankberater hatte ich schon vorher einen vorgedruckten Zettel gegeben, mit der Bitte, mir täglich meine Kurse zu faxen. Morgens um elf Uhr hatte ich täglich nach dem Frühstück börsenfrisch meine Aktienkurse an der Kabinentür, denn durch die Zeitverschiebung war es in Deutschland schon 17.00 Uhr nachmittags. In diesen Wochen verdiente ich Tag für Tag fast 100 000 Mark, ohne dafür zu arbeiten. Ich ging damals mit 1,3 Millionen Mark auf dieses Schiff. Als ich es 14 Tage später wieder verließ, hatte ich 2,2 Millionen. Es war kaum zu glauben.

Dieser Erfolg war nicht nur mir beschieden. In dieser hochkonjunkturellen Phase erzielten zahlreiche Anleger sehr hohe Renditen. Seit dieser Zeit hat sich das wirtschaftliche Klima in Deutschland zunehmend geändert. Die Angst der privaten Investoren, beim Aktienkauf ihr gesamtes Kapital zu verspekulieren, ist auch dank positiver Erfahrungen einer höheren Risikobereitschaft gewichen. Ich werde Ihnen im Folgenden immer wieder von Begegnungen mit Menschen erzählen, die anfangs überaus zögerlich auf die Möglichkeiten, die der Aktienmarkt eröffnet, reagierten. Im persönlichen Gespräch konnte ich ihre Bedenken meist zerstreuen; die Erfolge, die sie im Einzelnen dann erzielen konnten, sprechen für sich.

So saß ich zum Beispiel während meines Urlaubs mit einem jungen Mann am Tisch, der mich irgendwann einmal fragte, was ich beruflich mache. Ich erzählte ihm, dass ich Eisverkäufer, Bäcker und Aktionär sei. Er sah mich ob dieser ungewöhnlichen Konstellation völlig ungläubig an und ich begann, ihm mehr von meinen Aktienspekulationen zu erzählen. Er hörte sehr aufmerksam zu und war nach zwei Stunden so begeistert, dass er unmittelbar nach dem Urlaub, als er das Schiff verlassen hatte und wieder zurück in Deutschland war, Aktien der Firma Adva zeichnete. Dieses Münchner Unternehmen ist europäischer Marktführer bei der Produktion von Glasfasernetzen, einem Wirtschaftszweig, der zum damaligen Zeitpunkt zu den Wachstumsbranchen zählte. Er orderte, wie ich erfuhr, im April 200 Stück für 30 Euro und verkaufte sie im Jahr darauf im Juli für 660 Euro. Damit erzielte er eine viertel Million Euro steuerfreie Gewinne. Ich kann Ihnen gar nicht sagen, wie ich mich gefreut habe, als er mich anrief und mir überglücklich von seinem Erfolg erzählte.

Es ist meiner Meinung nach nur an der Börse möglich, solche Gewinne zu realisieren. In keinem anderen Wirtschaftszweig haben Sie die Chance, so schnell so viel Geld zu verdienen. Also haben Sie Mut, und tun Sie das, was wohlhabende Menschen schon seit Jahren tun: Investieren Sie Ihr Geld in Wertpapiere.

Der Enthusiasmus, den die Börse bei mir auslöste, übertrug sich schnell auf Freunde und Bekannte. Anfängliche Skepsis wich angesichts meiner offensichtlichen Erfolge stärker werdender Neugier, und man begann zögernd, mich um Rat zu fragen.

Die Szenen häuften sich und ähneln sich mittlerweile immer mehr: Ich sitze mit meiner Freundin im Café, und es kommen Bekannte auf uns zu, ich stehe bei meinen Eltern im Bäckerladen, und es kommen Kunden herein, ich stehe im Supermarkt an der Kasse und bezahle meinen Wochenendeinkauf, ich sitze bei meinem Hausarzt im Behandlungszimmer, und fast immer stellt man mir ganz beiläufig eine Frage in variierenden Worten: »Markus, hast du nicht eine Anlageempfehlung für uns? Bei welchem Papier lohnt es sich im Augenblick zu kaufen?«

Egal, wo ich hinkomme, mittlerweile hat es sich herumgesprochen, dass ich bei meinen Börsenspekulationen sehr viel Erfolg habe, und viele Menschen zögern nicht, mich um Rat zu fragen. Ich gebe gerne Auskunft, denn es macht mir Freude zu sehen, wie das Interesse an Wertpapieren in der Bevölkerung wächst, und ich beginne zu ahnen, welches Potenzial in Aktien stecken kann, wenn weiterhin viele Kleinanleger in den Markt investieren.

Ein gutes Gefühl verschafft mir nicht das Geldverdienen an sich – ein gutes Gefühl habe ich, wenn ich skeptische Menschen davon überzeugen kann, ihr Geld an der Börse anzulegen, und dann ihre Freude über die erzielten Gewinne sehe. Dies ist für mich die schönste Bestätigung meiner Arbeit.

Mein erster TV-Auftritt

Erfolg hat nur, wer etwas tut,
während er auf den Erfolg wartet.

Thomas Alva Edison

Eines Tages erhielt ich völlig überraschend einen Anruf des Fernsehsenders RTL. Man erklärte mir, dass man eine Sendung zum Thema »Millionäre in Deutschland« plane und mich als Talkgast einladen wolle. Mir verschlug es – was wirklich selten passiert – erst einmal die Sprache. Im ersten Moment fiel mir nichts ein, was ich dazu hätte sagen können.

Natürlich wollte ich ins Fernsehen! Gar keine Frage! Auf diesem Weg konnte man hunderttausende von Menschen direkt erreichen und ihr Interesse am Aktienhandel wecken. Auf der anderen Seite begannen sich auch Zweifel zu melden. Deutschland ist ein Land, in dem einem Menschen Erfolg oft missgönnt wird. Geld gilt als Tabu, man spricht nicht darüber, um nicht den Neid und die Missgunst anderer zu wecken. Ich überlegte, entschied mich dann aber dafür, diesen Fernsehauftritt zu wagen, weil mir die Chancen, die sich daraus ergeben konnten, größer schienen als mögliche negative Ressentiments.

Als ich ins Studio kam, wussten offenbar schon alle von meinem Erfolg. Ich saß noch in der Maske, da kamen die ersten Bitten, doch ein paar Aktientipps zu geben. Auch während der Show kreiste alles um die Frage, wie man in so jungen Jahren Millionär werden könnte. Interessant war für die Zuschauer vor allem die Tatsache, dass ich noch immer als Bäcker arbeitete und in meinem Job ein durchschnittliches Einkommen erzielte. Vor laufender Kamera erzählte ich von meinem Erfolg und von meinen Strategien.

Während der Sendung bestand für die Zuschauer die Möglichkeit, im Studio anzurufen und Fragen zu stellen. Fünf junge Damen betreuten das Callcenter und nahmen die Anrufe entgegen. Innerhalb kürzester Zeit brachen die Telefonleitungen zusammen, weil die Anlage die vielen Anrufe nicht bewältigen konnte. Damals begann ich das erste Mal darüber nachzudenken, meine Erfolgsgeschichte einer breiten Öffentlichkeit zu erzählen. Es musste ja auch möglich sein, anderen mit meiner Strategie zu Reichtum zu verhelfen. Wenn es bei mir geklappt hatte, warum sollte es bei anderen Menschen nicht auch funktionieren?

Lässt sich eine Erfolgsstory wiederholen?

Ich habe immer daran geglaubt:
Wenn man sich vornimmt,
Erfolg zu haben, hat man ihn bereits.

Katherine Dunham

Eine Sache beschäftigte mich seitdem: Kann man Erfolg kopieren? Ist es einem anderen Menschen möglich, mithilfe meiner Erfahrungen ähnliche Resultate zu erzielen? Oder waren es einzigartige Umstände, die meinen Erfolg begünstigt hatten? Gibt es gewisse Parameter, an denen man sich orientieren muss, um zu ähnlichen Ergebnissen zu gelangen? Oder war alles nur Glück und Zufall?

Diese Fragen sollten sich bald beantworten. Nach meinem ersten Fernsehauftritt kam ein junger Mann aus der Ukraine auf mich zu, der bei meinen Eltern als Brötchenausfahrer arbeitete. Er lebte mit seiner jungen Frau und seiner kleinen Tochter seit zwei Jahren in Deutschland, sprach unsere Sprache nicht sehr gut und war ursprünglich gelernter Wasser- und Heizungsinstallateur. Roland war eigentlich nicht der Typ, den man sich an der Börse als Aktionär vorstellen konnte, und brachte, wie er selbst beteuerte, auch nicht die besten Voraussetzungen mit, um es zum Millionär zu schaffen. Trotzdem kam er auf mich zu und bat mich, ihm die Gesetze der Börse zu erklären.

Roland ist ein Durchschnittsbürger, wie auch ich es bin. Ich war Bäcker und hatte es bis zum Millionär gebracht. Warum sollte Roland das nicht auch schaffen? Mich faszinierte diese Idee, und ich war sehr angetan von dem Gedanken, meine Strategie ein weiteres Mal zu erproben und zu sehen, ob meine Erfolgsstory wiederholbar sei. Roland war für mich eine echte Herausforderung, und ich freute mich darauf, sie anzunehmen und erfolgreich zu gestalten.

Ich stellte schnell fest, dass Roland handwerklich sehr begabt war. Also gab ich ihm zunächst den Rat, sich selbständig zu machen. Er sah mich völlig skeptisch an: »Ich? Mich selbständig machen? Wie soll das gehen? Ich bin doch erst 22 Jahre alt! Ich spreche die deutsche Sprache nur sehr schlecht ...«. Er führte eine ganze Reihe von Argumenten an, die aus seiner Sicht dagegen sprachen. Ich riet ihm trotzdem, einen Dienstleistungsbetrieb aufzumachen. Er sollte 24 Stunden rund um die Uhr da sein und mit Power und Elan an die Sache herangehen. Ich überzeugte ihn, dass er mehr arbeiten und mehr zur Verfügung stehen müsse als alle anderen alteingesessenen Handwerker. Er müsse einfach besser sein, mehr arbeiten, mehr leisten, dann würde er es auch schaffen. Roland gründete daraufhin sein eigenes Unternehmen, das sich »Blitzdienst« nennt und schnell und effektiv handwerkliche Dienste anbietet. Innerhalb von nur vier Monaten stellte er seinen ersten Mitarbeiter ein. Heute beschäftigt er bereits vier Personen.

Roland ist ein Risiko eingegangen, er hat in seinem Leben etwas verändert, er ist aktiv geworden und hat seine Zukunft in die Hand genommen. Und er hat großen Erfolg dabei. Ich möchte Ihnen jetzt nicht raten, morgen Ihren Job aufzugeben und sich selbständig zu machen. Dieses Beispiel soll Ihnen lediglich verdeutlichen, dass in jedem Menschen etwas Außergewöhnliches steckt, eine besondere Gabe, die er nutzen sollte, ein Talent, mit dem er es zu etwas ganz Großem bringen kann, wenn er es nur möchte. Roland verfügte über auffallendes organisatorisches und handwerkliches Geschick. Er war prädestiniert für die Selbständigkeit. Er brauchte nur etwas Mut, den Willen, mehr als andere zu arbeiten, und offenbar einen kleinen Motivationsschub.

Roland hatte 15 000 Mark angespart. Es war hart verdientes Geld, für das er auch an Feierabenden und am Wochenende gearbeitet hatte, eine über Jahre hinweg mühsam angesammelte Summe. Er bat mich, ihm bei der Anlage behilflich zu sein, aber wirklich vorsichtig zu agieren. Es wäre sein einziges Erspartes, und er dürfe es auf gar keinen Fall verlieren.

Ich riet ihm, sich zunächst intensiv mit dem Thema Börse auseinander zu setzen und sich anschließend ein Musterdepot anzulegen, in das er zwei bis drei Werte aufnehmen sollte. Ab diesem Zeitpunkt saß Roland täglich ein bis zwei Stunden da, las Börsenmagazine, sah die Nachrichten und diskutierte, wann immer sich die Gelegenheit ergab, mit mir über die Entwicklungen am Markt.

Es war im Mai 1999, die Zeiten waren sehr volatil, die Kurse schwankten enorm, und es war nur schwer zu prognostizieren, ob es am nächsten Tag auf oder ab gehen würde. Schließlich entschied sich Roland für drei Werte, die er zunächst nur auf dem Papier in sein Depot aufnahm, für genau das Geld, das er zu investieren bereit war. Bereits zwei bis drei Wochen später sah er, dass er schon mit 15 Prozent im Plus war. Mir war bewusst, dass wir nur schnell wachsen würden, wenn wir uns auf wenige Werte konzentrierten.

Wir kauften damals 100 Xoom-Aktien, einen amerikanischen Wert, der bei 40 Mark notierte. Mit einer Stopp-Loss-Order sicherten wir diesen Wert nach unten ab, und innerhalb von zwei Wochen stieg die Aktie auf 52 Mark. Wir verkauften. Nach Abzug aller Gebühren hatte Roland 1100 Mark verdient. Er war fassungslos. Ich konnte es gut nachvollziehen und mit ihm fühlen. Mir war es ja anfangs nicht anders gegangen, und auch ich wollte damals nicht verstehen, dass man so schnell und relativ sicher Geld verdienen konnte, ohne schwere körperliche Arbeit, ohne größere Anstrengung, ohne großartige zeitliche Investitionen.

Inzwischen hat Roland sein Geschäft kontinuierlich ausgebaut, die Entwicklung seiner Aktien sehr aufmerksam verfolgt und die Gewinne weiterhin außerordentlich erfolgreich angelegt. Ich ermahnte ihn immer wieder, sehr vorsichtig zu sein, da der Neue Markt sehr volatil sei. Roland war in seiner Begeisterung kaum zu bremsen, motivierte sogar weitere Freunde, auch an der Börse einzusteigen und hatte die größte Freude daran, wenn er an deren Erfolg teilhaben konnte.

Roland besuchte mich Weihnachten mit seiner Familie. Es war wunderbar, in sein vor Freude strahlendes Gesicht zu sehen. Er beteuerte immer wieder, dass sich sein Leben seit dem Zeitpunkt, an dem er auf mich zugegangen sei, vollkommen verändert habe. »Plötzlich grüßen mich Leute auf der Straße, die früher nicht einmal den Kopf gehoben haben, wenn ich vorbeiging«, erzählte er voller Enthusiasmus. »Es ist unglaublich, wie du mein Leben in den vergangenen acht Monaten verändert hast.«

Aber nicht ich habe Rolands Leben verändert. Ich habe ihm damals nur einige Tipps gegeben und Vorschläge gemacht, in welcher Weise er seine Arbeitskraft einsetzen sollte. Verändert hat Roland sein Leben ganz allein. Er hat selbst die Initiative ergriffen und ist aktiv geworden. Es war Rolands eigener Mut, der sein Leben so verwandelt hat.

Ich bin überzeugt: Wenn Sie meine Ratschläge in diesem Buch beherzigen, werden Sie langfristig zu den Gewinnern gehören. Ich verspreche Ihnen keine Visionen, ich verspreche Ihnen auch nicht, dass Sie in einem jetzt schon genau definierten Zeitraum Millionär sein werden. Ich verspreche Ihnen nur, dass sich Ihr Leben zum Positiven hin verändern wird, wenn Sie gewillt sind, etwas dafür zu tun. Wenn Sie Ihre Lebensweise und Ihre Einstellungen überdenken und bereit sind, an sich zu arbeiten, werden Sie erfolgreich sein. Sie wären der Erste, bei dem es nicht funktionieren würde!

Roland hat sich sehr viel Respekt und Ansehen erarbeitet und seine 15 000 Mark vervielfacht. Besonders fasziniert mich, dass sich meine Erfolgsstrategie tatsächlich eins zu eins übertragen ließ und dass sie ebenso funktioniert hat, wie bei mir. In seinem Freundeskreis wird Roland gefeiert. Selbst die Korrektur, die wir im Jahr 2000 erlebt haben, und die ich auch für wichtig halte, hat Rolands Börsenerfolg keinen Abbruch getan. Er hatte seine Gewinne streng mit Stopps abgesichert, und gelernt, Geduld zu üben und zu warten. Auch dies ist entscheidend an der Börse: Geduld zu üben und auch einmal abwarten zu können, bis die Marktlage optimal ist.

Mein Tipp:

- Haben Sie Mut. Ihr Leben kann in einem halben Jahr ganz anders aussehen als heute, wenn Sie den Willen haben, etwas zu verändern.

- Üben Sie sich, was die Börse angeht, in Geduld. Besonders in volatilen Zeiten kann es sehr sinnvoll sein, einige Wochen abzuwarten, bis sich der Markt beruhigt hat.

Konzentrieren Sie sich

Sammle dich zu jeglichem Geschäfte,
nie zersplittere deine Kräfte!

FRIEDRICH VON BODENSTEDT

Konzentrieren Sie sich, wenn Sie an der Börse einsteigen, auf einige wenige Werte und beobachten Sie diese genau. Ich hatte immer dann Erfolg bei meinen Geschäften, wenn ich nur zwei oder drei Aktien im Depot hatte. Sie haben bei wenigen Werten die Möglichkeit, den Kursverlauf Ihrer Aktien genau zu verfolgen, und Sie können bei starken Schwankungen schnell reagieren.

Wenn Sie zehn bis zwölf Werte in Ihrem Depot haben, können Sie zwar langfristig an der Börse erfolgreich sein, Sie können aber nie mit mehr als zehn bis 15 Prozent Rendite rechnen. Wenn Ihre Worte allerdings schnell wachsen und Sie große Gewinnsteigerungen erzielen wollen, sollten Sie sich mit drei Werten begnügen.

Vor einiger Zeit traf ich einen Schulfreund, der schon in der achten Klasse meine Börsenspekulationen interessiert verfolgt hatte und mir erzählte, dass er mittlerweile auch recht erfolgreich sei. Er zählte insgesamt sieben Werte auf, die er in seinem Depot hatte, und nach kurzer Zeit fiel ihm noch ein weiterer ein. »Ach ja, diese Aktie habe ich ja auch noch, die habe ich auch schon länger nicht mehr beobachtet. Keine Ahnung, wo die jetzt steht ...«, erzählte er mir. Genau dies ist die Gefahr, in die Sie zu laufen drohen: Sie verlieren den Überblick und können sich unmöglich um alle Wertpapiere gleich intensiv kümmern. Der eine oder andere Wert wird immer auf der Strecke bleiben. Achten Sie darauf, dass keine Ihrer Aktien untergeht. Schenken Sie ihnen Ihre ganze Aufmerksamkeit, denn es ist Ihr Geld, das da arbeitet, und Ihr Geld sollte optimal arbeiten und den höchsten Profit erwirtschaften, der möglich ist.

Ich selbst verfolge diese Strategie seit Jahren. Ich habe nie mehr als drei Werte in meinem Depot. Mit diesen Werten handle ich, und diesen Werten gehört meine ganze Aufmerksamkeit. Wenn eine meiner Aktien um mehr als zehn Prozent fallen sollte, steige ich aus. Deshalb konnte ich in den vergangenen Jahren auch eine so fantastische Performance hinlegen. Hätte ich meine 100 000 Mark, die ich damals angelegt habe, in zehn verschiedene Werte gestreut, hätte ich ein Jahr später wahrscheinlich maximal 250 000 Mark gehabt – eine viertel Million. Das wäre zweifellos ein überaus respektables Ergebnis gewesen, aber mit Wertpapieren sind, wie man sehen kann, noch weit höhere Gewinne zu erzielen.

Wenn Sie das große Risiko scheuen und sich nicht auf wenige Highflyer konzentrieren wollen, rate ich Ihnen, Ihr Geld in einen Aktienfonds zu investieren.

Das minimiert das Risiko, und Sie können mit einigermaßen stabilen Renditen und einer guten Performance rechnen, ohne sich großartig Gedanken machen zu müssen. Und Sie haben das Geld nach längerer Zeit auch steuerfrei. Wenn Sie aber kurzfristige Renditen erzielen wollen, dürfen Sie ein gewisses Risiko nicht scheuen.

Mein Tipp:

- Konzentrieren Sie sich. Niemand kann seine Augen und Ohren überall haben. Halten Sie nie mehr als drei Werte in Ihrem Depot, und schenken Sie diesen Werten Ihre ganze Aufmerksamkeit.

Einsatz, der sich lohnt

Wer nach Ruhm strebt,
geht an den Hof. Wer nach Gewinn
strebt, geht auf den Markt.

CHINESISCHES SPRICHWORT

Damit Sie sehen, dass das Beispiel Roland kein Einzelfall geblieben ist, erzähle ich Ihnen ein weiteres. Ich erinnere mich noch sehr gut an eine Dame, die ich im September 1998 während eines Urlaubs in der Türkei kennen gelernt habe. Sie verbrachte ihren Urlaub gemeinsam mit ihrer Tochter im gleichen Hotel, und wir trafen uns fast täglich am Strand, wo sie die *Frankfurter Allgemeine Zeitung* las. Sobald sie fertig war, bat ich sie, mir die Zeitung kurz zu leihen. Irgendwann fragte sie mich, was ich denn Wichtiges in der *FAZ* suche. Ich erklärte ihr, dass ich nachschauen wollte, wie meine Aktien stünden. »Wenn ich Ihnen jeden Tag die *FAZ* ausleihe, dann müssen Sie mir aber auch am letzten Tag einen Aktientipp geben!«, bat sie. Ich war damals 24 Jahre alt, und die Tochter dieser Dame belächelte mich und warnte ihre Mutter davor, allzu viel Vertrauen in meine Person zu setzen: »Mama, der hat doch keine

Ahnung von der Börse, lass die Finger davon«, meinte sie.

Am letzten Tag ihres Urlaubs kam ihre Mutter doch auf mich zu und fragte mich: »Markus, würdest du mir einen Aktientipp geben?« Ich fragte, wie viel Geld sie denn hätte. Sie meinte, sie habe 3000 Mark, die sie investieren wolle. Ich riet ihr: »Wenn Sie nach Hause kommen, kaufen Sie sich Micrologica. Das Stück kostet derzeit 60 Mark, das bedeutet, Sie können sich 50 Stück davon kaufen.« Sie versprach, das zu tun.

Micrologica stieg in ihren Spitzenzeiten auf 840 Mark. Ich beobachtete die Aktie aufmerksam und dachte hin und wieder noch an meine nette Urlaubsbekanntschaft und daran, ob sie wohl tatsächlich auf meinen Rat hin in diesen Wert investiert hatte.

Im Februar 1999 klingelte bei meinen Eltern das Telefon. Meine Mutter rief mich und meinte, eine Frau aus München sei am Apparat. Ich überlegte, konnte mich aber an niemanden aus München erinnern. Eine Frauenstimme sagte: »Hallo Markus, kennst du mich noch? Hier spricht Katharina aus München.« – Ich antwortete: »Ich kenne keine Katharina aus München.« – »Na, aus dem Urlaub in der Türkei!« Ich zögerte: »Ehrlich gesagt, weiß ich nicht, wer Sie sind. Entschuldigen Sie bitte.« Sie nahm noch einen Anlauf: »Markus, du hast mir die Micrologica-Aktie empfohlen!« Bei diesem Stichwort ging mir ein Licht auf. Mit aufgeregter Stimme erzählte sie: »Markus, ich habe mir auf deinen Tipp hin damals 50 Micrologica-Aktien gekauft. Und jetzt, fünf Monate später, habe ich 42 000 Mark. Ich hatte noch nie in meinem Leben so viel Geld!«

Katharina fragte mich, ob sie verkaufen solle, und ich riet ihr, das zu tun. Sie schrieb mir einen ganz lieben Brief und bedankte sich noch einmal. Und auch ihre Tochter rief mich noch einmal an und entschuldigte sich für ihre spitzen Bemerkungen, die sie am Strand gemacht hatte. Sie riet mir damals, doch unbedingt beruflich etwas mit der Börse zu tun. »Du musst unbedingt anderen Menschen dieses Wissen weitergeben«, bat sie am Telefon. Ich wusste damals noch nicht, wie das gehen sollte, aber kurze Zeit später begegnete ich Bernd Förtsch, der mich auf die Idee mit der Börsen-Hotline brachte. So hat sich ihr Vorschlag tatsächlich realisieren lassen, und mein Erfolg hat ihr damit Recht gegeben.

Neue Perspektiven

Alles ist möglich,
aber es regnet kein Geld.

DEUTSCHES SPRICHWORT

Nach meinem ersten Fernsehauftritt bekam ich, neben etwa 5000 Briefen und Faxen von begeisterten Zuschauern, die die Sendung gesehen hatten, auch viele Angebote. Zahlreiche Börsenfirmen und Magazine fragten an, ob ich nicht Lust hätte, bei Ihnen mitzuarbeiten. Letztlich entschied ich mich für die eigene Börsen-Hotline.

Ich hatte Bernd Förtsch das erste Mal im Dezember auf der IAM, der Internationalen Anleger Messe in Düsseldorf getroffen. Ich stand da und diskutierte mit zwei jungen Leuten meine persönliche Börsenstrategie. Innerhalb von nur wenigen Minuten hatte sich eine Menschentraube um mich herum versammelt – Zuhörer, die interessiert lauschten, wie ich an der Börse erfolgreich mein Geld vermehrt hatte. Unter diesen Menschen war auch Bernd Förtsch. Er hörte sehr aufmerksam zu und fragte mich am Ende meiner Ausführungen, wer ich denn eigentlich sei.

Ich erzählte ihm, dass ich es geschafft hatte, innerhalb von einem Jahr und drei Monaten mein Gespartes zu verzehnfachen und Millionär zu werden. Durch meinen ersten Fernsehauftritt wurde er ein weiteres Mal auf mich aufmerksam und machte mir den Vorschlag, eine Börsen-Hotline zu besprechen.

Anfangs zweifelte ich. Warum sollte gerade ich eine Börsen-Hotline betreuen? Mich kannte zum damaligen Zeitpunkt so gut wie niemand, und ich fragte mich, wer meine Hotline denn anrufen sollte. Aber Bernd Förtsch schien von meinem Erfolg überzeugt zu sein und meinte damals: »Vor mir sitzt der neue Heiko Thieme.«[3] Ich lächelte, glauben wollte ich es aber noch nicht.

Am 20. April 1999 startete ich meine Börsen-Hotline mit damals etwa 60 Anrufern am Tag. Ich war völlig begeistert und setzte mein ganzes Engagement in diese Hotline. Mit viel Enthusiasmus besprach ich täglich das Band, gab meine Aktienempfehlungen weiter und beobachtete, wie die Aktien, die ich empfohlen hatte, dann tatsächlich überproportional stiegen. Natürlich hieß das für mich, täglich auf dem Laufenden zu sein, ich informierte mich im Internet, bei Börsenmaklern und Händlern in Frankfurt sowie in Redaktionen von verschiedenen Börsenzeitschriften, um wirklich optimale Empfehlungen geben zu können.

Eine Woche später riefen bereits mehr als 800 Menschen bei mir an, um Börsentipps zu bekommen. Ende Juni war ich Europas erfolgreichster Hotline-Sprecher – und dies innerhalb von zwei Monaten. Tag für Tag kamen zehn bis 20 Briefe und Faxe, in denen sich Hörer für die Gewinne, die sie aufgrund meiner Tipps realisiert hatten, bedankten. Ich wusste, dass dies die Arbeit war, die mir Freude bereitete, und mit der ich vor allen Dingen auch anderen Menschen Freude bereiten konnte.

In dieser Zeit wurde auch das Magazin *Die Bunte* auf mich aufmerksam. Man plante eine Reportage über Jungmillionäre in Deutschland und bat mich um ein Interview. Dies war natürlich sehr förderlich für die Popularität meiner Hotline, die täglich mehr Anrufer und Börsenbegeisterte gewann.

Heute rufen in Spitzenzeiten bis zu 10 000 Menschen täglich meine Hotline an, um sich Aktientipps zu holen. Ein junger Mann, Mohammed, dem in diesem Buch ein eigenes Kapitel gewidmet ist, wurde durch meine Hotline zum Millionär und das ZDF drehte einen Beitrag über seinen Erfolg. Begeisterte Briefe von Menschen aus allen sozialen Schichten und Berufsgruppen – von Hausfrauen über Handwerker bis hin zu Akademikern – zeigen mir noch heute, dass ich auf dem richtigen Weg bin und anderen Menschen mit meiner Hotline zum Erfolg verhelfen kann.

Bisweilen kommen aber auch Briefe und Faxe von Menschen, die zögern, an der Börse einzusteigen. Vor kurzem erhielt ich ein Fax von einem Landwirt, der mir schrieb, dass er immer wieder meine Hotline anhöre und meine Aktientipps verfolge. Allerdings wolle er erst einmal testen, wie sich die Kurse entwickelten, bevor er sein Geld tatsächlich in Wertpapieren anlege. Der Mann ist verheiratet und hat zwei Kinder. Er habe, so seine Aussage, mittlerweile 26 000 Mark gespart und wage nicht, dieses Geld zu investieren, weil er Angst habe, alles zu verlieren. Sollte er sein Erspartes einbüßen, würde er seinen Hof und damit die Existenz seiner Familie aufs Spiel setzen.

Dieser Mann erwartete Zuspruch und Ermutigung von mir – vielleicht auch eine 100-prozentige Erfolgsgarantie. Letztere wird ihm aber niemand geben können. Die Börse ist keine Einbahnstraße und bietet auch keine Gewinngarantie. Sie eröffnet eine Vielzahl von Chancen, birgt aber auch das eine oder andere Risiko. Ich kann diesem Landwirt nur raten, sich Zeit zu nehmen und nicht – in der Hoffnung, sein Vermögen innerhalb kurzer Zeit zu verdoppeln – seine Existenz aufs Spiel zu setzen. Vielleicht kommt er zu dem Entschluss, mit einem kleineren Betrag einzusteigen, oder, wenn er tatsächlich weiterhin extrem unsicher sein sollte, sein Vermögen in einem Fonds anzulegen.

Im März 2000 traf ich einen Anleger, der mir berichtete, dass er seit drei Monaten an der Börse spekuliere und nur Verluste gemacht habe. Vielleicht erinnern sich noch einige von Ihnen an diese Monate; es war eine Zeit, in der so gut wie alle Aktien stiegen und man schnell hohe Gewinne machen konnte. Ich konnte diesem Mann deshalb nur eines raten: Lassen Sie die Finger von Aktien und investieren Sie in einen Fonds. Wenn jemand in guten Börsenzeiten Verluste macht, sollte er sein Geld Menschen anvertrauen, die ein glücklicheres Händchen und mehr Erfahrung in der Vermögensverwaltung haben. Fonds sind die optimale Anlage für Menschen, die sich nicht intensiv mit der Materie Börse befassen möchten. Doch dazu mehr in einem späteren Kapitel.

Ich habe den schönsten Beruf, den ich mir vorstellen kann, und eigentlich gibt es noch eine wichtige Parallele zwischen Roland und mir: Auch ich musste mein Talent erst entdecken und von einem Außenstehenden den entscheidenden Hinweis erhalten, wie ich meine Gabe optimal einsetzen konnte. Ich sehe meine Aufgabe heute darin, Menschen für die Börse zu begeistern und ihnen zu helfen, ihre Ersparnisse optimal anzulegen und glänzende Ergebnisse zu erzielen. Wenn dann Briefe und Dankesschreiben von meinen Hörern kommen, ist das der schönste Beweis für den Erfolg meiner Arbeit.

Setzen Sie auf Wachstumsbranchen

Darum geht es: Man muss immer die nächste Sprosse anpeilen, so verrückt das klingen mag.

Lee Iacocca

Katharina hatte ich damals die Micrologica-Aktie empfohlen, ich selbst hatte mit SAP, dem Berliner Freiverkehr und Infomatec meine größten Erfolge. Auch Mobilcom und Xoom legten eine fantastische Performance vor.

An der Börse gibt es immer wieder »Modebranchen«, die gerade »in« sind. Eine Weile waren es die Mobilfunkfirmen, dann boomte die IT-Branche mit den Internetwerten, anschließend triumphierten die Biotechnologie-Werte, und zu der Zeit, in der ich diese Zeilen schreibe, sind es die Logistik-Werte, die zu den Highflyern im Börsensegment zählen. Wenn Sie also investieren, dann investieren Sie in die Trendsetter. Beobachten Sie Neuemissionen und behalten Sie vor allem den Neuen Markt im Auge.

Obgleich auch ich dem Neuen Markt anfangs sehr skeptisch gegenüberstand und ziemlich Respekt davor hatte, hat sich dieses Börsensegment glänzend entwickelt. Setzen Sie auf Wachstumsaktien, setzen Sie auf Unternehmen, die im Hightech-Markt tätig sind. Denn da, und nur da, werden Sie die höchsten Gewinne erzielen. Setzen Sie vor allen Dingen auf Neuemissionen, denn hier haben Sie die Chance, am günstigsten einzusteigen und von einer brillanten Kursentwicklung zu profitieren. Woran Sie eine gute Neuemission erkennen, verrate ich Ihnen im nächsten Kapitel.

Doch vorerst ein Beispiel: Ich erinnere mich noch sehr gut an den 1. März 1999. Ich war damals bei den Eltern meiner Jugendfreundin zu Gast. Ihr Vater engagierte sich seit Jahren an der Börse, setzte allerdings nur auf traditionelle DAX-Werte, die er auch mehrere Jahre hielt, und erzielte im Jahr seine neun bis zehn Prozent Gewinn.

Bereits während des Essens drehte sich unser Gespräch um das Thema Aktienhandel und um meine Börsen-Hotline. Der Vater meiner Jugendfreundin stand meiner Theorie, man müsse als Aktionär im Neuen Markt engagiert sein, sehr skeptisch gegenüber. Im Lauf der recht angeregten Diskussion forderte er mich schließlich heraus: »Wenn du so sicher bist, dann gib mir einen Aktientipp!« meinte er. »Ich werde 10 000 Mark investieren, und in einem Jahr sehen wir dann, wo deine Aktie steht!« Da ich wusste, dass er das Wertpapier so lange halten würde, musste ich ihm einen Wert nennen, der langfristig eine gute Entwicklung hinlegen würde. Mir fiel nur einer ein, und ich empfahl ihm die Adva-Aktie aus dem Neuen Markt, die bei 50 Euro stand. Er kaufte 100 Stück. Ein Jahr später, im März 2000, stand diese Aktie bei 620 Euro. Als der Vater meiner Jugendfreundin diese Aktie verkaufte, hatte er 1200 Prozent Gewinn erzielt. Inzwischen legt er sein gesamtes Vermögen am Neuen Markt an.

Ihr Bankberater wird Ihnen nur im seltensten Fall eine Aktie aus dem Neuen Markt empfehlen. Die Gründe habe ich Ihnen bereits genannt. Meist wird er Ihnen Werte aus dem Dax empfehlen, dem Deutschen Aktienindex, in dem Wertpapiere großer deutscher Gesellschaften mit hoher Marktkapitalisierung, so genannte Bluechips, wie Allianz, Siemens, Deutsche Bank oder DaimlerChrysler, gehandelt werden. Als Aufnahmekriterium für den DAX gilt die so genannte 35/35 Regel, das heißt, das Unternehmen muss in Börsenwert und Umsatz zu den 35 größten Unternehmen Deutschlands zählen. Erfüllt ein Unternehmen diese Vorgabe nicht mehr, kann es ausgetauscht werden. Im DAX werden sicherlich sehr gute Werte gehandelt, aber Sie werden mit diesen Papieren nur in Ausnahmefällen überproportionale Kursgewinne erreichen. In Bluechips sollten Sie dann investieren, wenn Sie das große Risiko scheuen oder Ihr Geld lieber langfristig, zum Beispiel als Altersvorsorge anlegen.

Ich habe vor kurzem einen jungen Mann getroffen, der mir erzählte, er habe sein Erspartes vor einem Jahr in einem DAX-Fonds angelegt und sechs Prozent Rendite erzielt. Hätte er einen Neuen-Markt-Fonds gewählt, hätte er vermutlich 30 Prozent Rendite oder mehr erreicht. Gerade jungen Leuten würde ich empfehlen, auf Wachstumsbranchen zu setzen, denn der Nemax, der Neue-Markt-Index, steigt im Augenblick sehr viel schneller als der DAX.

Seit einem Jahr werden von Analysten immer wieder die DaimlerChrysler- oder die Volkswagen-Aktie empfohlen, mit dem Argument, dass diese Wertpapiere völlig unterbewertet seien. Diese Aktien mögen tatsächlich unterbewertet sein; trotzdem sind ihre Kurse im vergangenen Jahr um mehr als 50 Prozent gefallen. Sie sind also auch im DAX nicht vor Verlusten sicher. Und wenn diese Analysten, die Ihnen DAX-Werte empfehlen, jetzt argumentieren, der Neue Markt sei viel zu spekulativ, dann mag das richtig sein. Im Neuen Markt können Sie sicherlich – wenn Sie meine Grundregel nicht einhalten und keine Stopp-Loss-Orders setzen – 50, vielleicht sogar 60, 70 oder 80 Prozent Verlust machen – Sie können aber auch 500, 600, ja sogar 1000 oder 2000 Prozent Gewinn erzielen. Und dies geht eben nur in Wachstumsbranchen, wie man sie im Neuen Markt oder dem amerikanischen Pendant, der Nasdaq, findet. Also sorgen Sie dafür, dass Sie mit den richtigen Aktien bei dieser Party dabei sind.

Noch ein Tipp: Laufen Sie nie einem erfolgreichen Wert hinterher. Sollten Sie es versäumt haben, in einen aussichtsreichen Wert zu investieren, steigen

Sie nicht mehr ein, wenn diese Aktie innerhalb eines Tages bereits zehn, 20 oder 30 Prozent gestiegen ist und keine positiven Meldungen aus diesem Unternehmen zu verzeichnen sind. Die Börse ist keine Einbahnstraße, deshalb lassen Sie Vorsicht walten und gestehen Sie sich ein, dass Sie bei diesem Coup nicht dabei waren. Die Börse eröffnet jeden Tag neu, und sie bietet täglich neue Gewinnchancen. Mittlerweile glaube ich, dass niemand vom Arbeiten allein reich wird. Wenn Sie – wie ich es als Bäcker tat – 3000 Mark netto verdienen, dann beziehen Sie vielleicht ein gutes Einkommen, aber ein Vermögen können Sie damit nicht aufbauen. Um wirklich reich zu werden, haben Sie nur zwei Möglichkeiten: Sie können andere für sich arbeiten lassen, oder Sie können Ihr Geld für sich arbeiten lassen. Letzteres ist der einfachere Weg.

Jeder, der mit seinem Geld an der Börse »arbeitet« oder sein Geld an der Börse arbeiten lässt, je nachdem, wie Sie es gerne sehen möchten, ist in meinen Augen selbständig, denn er trägt das Risiko. Das Schöne daran ist: Sie arbeiten für sich selbst, und Sie haben auch die Gewinne zu 100 Prozent für sich selbst. Sie können an der Börse handeln, ohne eine herausragende Qualifikation oder Ausbildung zu haben, ohne in Angestellte oder eine besondere Ausstattung investieren zu müssen. Wenn Sie heute ein Depot eröffnen, gründen Sie Ihr eigenes Unternehmen und schon morgen können Sie damit erfolgreich sein.

Mein Tipp:

- Setzen Sie auf Trends und setzen Sie auf Wachstumsbranchen.
- Beobachten Sie Neuemissionen. Hier lauern die größten Gewinnchancen.
- Der Neue Markt bietet hervorragende Chancen für jeden Aktionär. Bleiben Sie vor allem hier am Ball.
- Laufen Sie keinem Wert hinterher, der innerhalb eines Tages überproportional wächst. Sie bekommen am nächsten Tag eine neue Chance.

Woran erkenne ich den Erfolg einer Neuemission?

Gewinn ist Segen,
wenn man ihn nicht stiehlt.

William Shakespeare

Als die Firma Consors an die Börse ging, zeichnete ich diese Aktie bei meiner Bank und bekam 100 Stück zugeteilt, und das nicht, weil ich ein besonderer Kunde bin – jeder der Bankkunden, die damals zeichneten, erhielt 100 Consors Aktien. Der Emissionspreis – das ist der Preis der Aktie, der für die Zeichnung festgelegt wird – lag bei 66 Mark. Die Erstnotiz – das ist der Preis, mit dem die Aktie an ihrem ersten Tag in den Handel geht – lag bei 200 Mark. Jeder, der Consors zeichnete, bekam somit von seiner Bank praktisch 13 400 Mark geschenkt. Erzählen Sie das jemandem, der noch nie mit Aktien gehandelt hat. Er wird es nicht glauben wollen, aber es stimmt.

Ein guter Freund von mir hat bei der kleinen Berliner Effekten Bank ein Konto, die ein Umweltunternehmen an die Börse brachte. Er zeichnete diese Neuemission bei 10,50 Euro und erhielt 360 Stück. Mit dieser Zuteilung bekam er von seiner Bank über

10 000 Mark geschenkt, denn die Erstnotiz lag bei 24 Euro, bei 25 Euro hat er verkauft.

Natürlich ist es nicht ganz leicht, die Kursentwicklung einer Aktie, die neu in den Markt geht, vorherzusagen. Aber auch hier gibt es einige Tricks, um das Potenzial, das in einer Aktie steckt, besser einschätzen zu können.

Informieren Sie sich gründlich über das Unternehmen. Jede Aktiengesellschaft, die sich am Neuen Markt listen lassen möchte, muss vorher ihre Finanzsituation, ihre Geschäftsberichte und Umsatzzahlen offen legen. Dafür gibt es so genannte Investor Relations – Informationen, die die Aktiengesellschaft herausgibt, um potenziellen Investoren Kenntnis über die Unternehmenssituation zu verschaffen und das Verhältnis zu den Aktionären zu pflegen. Die Inhalte können Sie bei dem jeweiligen Unternehmen vor dem Börsengang abfragen.

Interessant sollten für Sie das Geschäftsfeld sein, in dem dieses Unternehmen tätig ist, die bisherigen Umsatzzahlen, Kundenreferenzen, das Marktumfeld, mögliche Konkurrenzunternehmen, Gewinnerwartungen, das Management, die Unternehmensphilosophie, geplante oder anstehende Investitionen und der erwartete Gewinn oder Verlust pro Aktie. Am einfachsten ist es, wenn Sie diese Informationen über das Internet – Sie finden sie auf der Homepage des jeweiligen Unternehmens unter dem Punkt »Investor Relations« oder »Zum Börsengang« – bestellen. Sie können aber selbstverständlich auch eine Postkarte an die Aktiengesellschaft schicken und um Material bitten.

Eine zweite Möglichkeit, die Sie wahrnehmen können, um sich vorab Informationen zu beschaffen und das Risiko zu minimieren, sind so genannte Graumarktkurse. Viele Unternehmen, die an den Neuen Markt gehen, werden bereits vorbörslich gehandelt. Erkundigen Sie sich bei Ihrer Bank, ob diese Aktie bereits am Graumarkt gehandelt wird und wie hoch die Graumarktkurse sind. Liegen die Graumarktkurse mehr als 30 Prozent über dem offiziellen Bookbuilding, das heißt über dem Preis, der für den Ausgabekurs festgelegt wird, rate ich Ihnen zu zeichnen. Sollte das Wertpapier viel versprechend sein, kann es auch Sinn machen, bereits vor dem offiziellen Börsengang, in der Fachsprache IPO, dies ist die Abkürzung für Initial Public Offering, einzusteigen. Sie zeichnen dann zum Beispiel bei der Börsenmakler Schnigge AG (www.schnigge.de) oder bei der Lang & Schwarz Wertpapierhandel Gruppe (www.ls-d.de) – zwei Firmen, die im Graumarkthandel dominieren.

Selbstverständlich sollten Sie sich darüber hinaus auch im Fall einer Neuemission in den einschlägigen Börsenmagazinen, im Fernsehen, über Börsen-Hotlines oder per Faxabruf an den Analystenmeinungen orientieren und beobachten, wie diese das Wachstumspotenzial des entsprechenden Wertpapiers einschätzen.

Natürlich finden Sie auch bei Neuemissionen Negativbeispiele, bei denen der Kurs am ersten Handelstag niedriger notierte als der Ausgabekurs. Ein

Beispiel war das Wertpapier Lycos Europe, dessen IPO von den Konsortialbanken auf 23 Euro festgesetzt worden war. Die Aktie fiel relativ schnell und notierte in ihren schlechtesten Zeiten bei weniger als vier Euro. All diejenigen, die Lycos Europe gezeichnet und keinen Stopp-Loss gesetzt hatten, waren natürlich schlecht bedient. Wenn die Anleger auf die Graumarktkurse geachtet hätten, hätten sie die Gefahr erkennen müssen, denn dieses Wertpapier wurde schon vorbörslich geringer gehandelt als der Ausgabekurs.

Ich habe eine Mitarbeiterin, die täglich meine Texte in die Videotexttafel des Fernsehsenders n-tv eingibt. Sie war, was den Aktienmarkt betraf, eine ausgesprochen skeptische Persönlichkeit und weigerte sich lange Zeit vehement, ebenfalls an der Börse einzusteigen. Sie argumentierte, sie habe nicht viel Geld und sie wisse auch nicht, was sie kaufen solle. Ich empfahl ihr, Neuemissionen zu zeichnen. Auf meinen Rat hin zeichnete sie Genescan, einen Wert, der im Juli 2000 mit einem Ausgabekurs von 39 Euro an den Neuen Markt ging. Die Graumarktpreise dieses Wertes pendelten damals bereits zwischen 60 und 70 Euro – man konnte also kaum etwas falsch machen. Ich riet meiner Mitarbeiterin, so viel wie möglich zu zeichnen. Sie zeichnete 200 Stück und verkaufte die Aktie am ersten Handelstag bei einem Kurs von 64 Euro. Meine Mitarbeiterin hatte an jeder einzelnen Aktie 25 Euro verdient, das sind umgerechnet 10 000 Mark. Heute ist sie eine der engagiertesten Aktionärinnen, die ich kenne.

Immer wieder fragen mich Anleger, wie hoch die Chancen seien, tatsächlich Aktien einer Neuemission zugeteilt zu bekommen. Diese Frage kann auch ich nicht beantworten. Ich kann Ihnen nur den guten Rat geben, bei der Zeichnung ganz nach der Devise »Hast du anfangs keinen Erfolg, so bemühe dich immer wieder!« zu handeln. In jedem Fall sollten Sie möglichst direkt bei denjenigen Banken zeichnen, die den Börsengang begleiten, weil Ihre Chancen auf Zuteilung dort sehr viel höher sind. Bedenken Sie: Wenn Sie 20-mal zeichnen, und 20-mal nichts zugeteilt bekommen, sind Sie nachher nicht ärmer als vorher (vorausgesetzt, Ihre Bank erhebt keine Zeichnungsgebühr).

Zeichnen Sie, wenn Sie Vertrauen in die Aktie gesetzt und die Graumarktkurse analysiert haben, Neuemissionen. Damit haben Sie die beste Aussicht auf überdurchschnittliche Gewinne. Selbst wenn Sie nur einmal im Jahr eine Neuemission zeichnen – und zugeteilt bekommen – und nur 2000 Mark Gewinn machen, können Sie davon schon einen schönen Urlaub genießen.

Mein Tipp:

- Bevor Sie eine Neuemission zeichnen, lassen Sie sich Informationen aus dem Unternehmen schicken und informieren Sie sich genau über das Geschäftsfeld des Unternehmens.
- Beobachten Sie den Graumarkt; Graumarktkurse geben oft schon vorab Aufschluss über die zukünftige Entwicklung einer Neuemission.
- Beherzigen Sie die Tipps der Profis und Analysten.

Auch Fonds sind eine gute Investition

Ohne Mühe bringt man es in keiner Sache weit.

Deutsches Sprichwort

Ich habe mir vor kurzem einen neuen Wagen bestellt. Als ich zum Händler ging, um den Vertrag zu unterzeichnen, stand der Besitzer da, 42 Jahre alt, ein ausgesprochen netter und sympathischer Italiener, der ein großes Autohaus mit über 150 Mitarbeitern leitet. Er war ziemlich in Eile und meinte: »Herr Frick, ich habe leider nur zehn Minuten Zeit für Sie, wir müssen schnell die Bestellung machen. Allerdings muss ich Sie vorher noch fragen, was Sie beruflich machen, denn ich möchte sichergehen, dass Sie dieses Auto nicht weiterveräußern.«

Ich erzählte ihm, dass ich im Aktienbereich tätig sei. Daraufhin saß ich nicht nur zehn Minuten bei ihm, wie er es anfangs wollte, ich saß fünf Stunden bei ihm. Während dieser fünf Stunden rief er dreimal bei seiner Frau an, um ihr zu sagen: »Schatz, wir haben bisher alles falsch gemacht!« Er erzählte mir, dass er mit seinen Freunden im Lions-Club zusammensitze und alle über ihre Aktiengewinne sprechen

– er habe bisher immer nur verschämt genickt, weil er selbst noch nie Geld an der Börse investiert habe.

Fünf Stunden sprach ich mit ihm über Aktien. Wir haben uns blendend verstanden und erzählten relativ viel aus unserem Leben und von unserer Arbeit. Zwischendurch meinte er: »Herr Frick, ich sage es Ihnen ganz ehrlich. Ich habe keine Zeit, mich um Aktienkurse zu kümmern. Ich muss zu 100 Prozent für mein Autohaus da sein.« Ich antwortete: »Und genau für Menschen wie Sie gibt es Aktienfonds.« – »Herr Frick, sagen Sie mir, welchen Aktienfonds soll ich kaufen?« Ich machte ihm einige Vorschläge, und er entschied sich für einen Biotech-Fonds, der damals bei acht Euro stand und fünf Monate später bereits bei 13 Euro notierte.

Am Ende unseres Gespräches erklärte ich ihm, dass ich dieses Auto auf gar keinen Fall weiterverkaufen würde, weil ich 1. mit meinen Aktien sehr viel mehr Geld verdienen könne als mit diesem Auto und 2. dieses Auto ein lang gehegter Wunschtraum von mir war, den ich mir nun endlich erfüllen wollte und konnte.

Sollten auch Sie nicht die Muße haben oder nicht die notwendige Zeit investieren wollen, sich täglich mit dem Marktgeschehen auseinander zu setzen, investieren Sie in einen Fonds und lassen Sie andere mit Ihrem Geld arbeiten. Die Auswahl ist groß: Etwa 4000 verschiedene Fonds werden derzeit auf dem Markt angeboten. Um Ihnen die Entscheidung etwas leichter zu machen, hier einige Hintergrundinformationen:

Einen Aktienfonds müssen Sie sich zunächst als einen großen Korb mit 70 bis 80 verschiedenen Werten vorstellen. Um diesen Korb kümmern sich professionelle Fondsmanager, die im großen Stil mit dem Kapital ihrer Kunden in Wertpapiere investieren. Sollten die Aktien nicht die gewünschten Renditen erzielen, werden sie verkauft und andere Werte dafür aufgenommen. Sie zahlen für die Verwaltung Ihrer Ersparnisse einen gewissen Prozentsatz an die Fondsgesellschaft und müssen sich um nichts kümmern. Zudem haben Sie bei einem Fonds die Wahl, mit einem Einmalbetrag einzusteigen oder aber einen monatlichen Sparplan aufzustellen, also zum Beispiel jeden Monat 100 Mark einzuzahlen. Übrigens: Wenn Sie als Angestellter oder Arbeiter Ihre vermögenswirksamen Leistungen – dies sind maximal 78 Mark im Monat, die der Arbeitgeber zahlt – mindestens sieben Jahre in Aktienfonds anlegen, erhalten Sie, wenn Sie eine bestimmte Einkommensgrenze nicht überschreiten, zusätzlich 20 Prozent, in den neuen Bundesländern sogar 25 Prozent Prämie vom Staat.

Zunächst sollten Sie aber für sich ganz persönlich klären, welche Ziele Sie mit einem Fondssparplan verfolgen. Möchten Sie das Kapital für die Altersvorsorge anlegen, das heißt über einen längeren Zeitraum arbeiten lassen, oder möchten Sie Ihr Geld kurzfristiger zur Verfügung haben, weil Sie den Kauf einer Eigentumswohnung oder eines neuen Autos planen? Sollten Sie nur für kurze Zeit investieren wollen, würde ich Ihnen zu einem Geldmarktfonds raten, bei dem allerdings die Rendite geringer ist. Außerdem sollten Sie sich dann für einen Fonds entscheiden, der ohne Ausgabeaufschlag angeboten wird, bei dem aber eine höhere jährliche Verwaltungsgebühr anfällt. Mit Aktienfonds fahren Sie auf längere Sicht besser, weil hier, über einen längeren Zeitraum betrachtet, die Wertentwicklung höher ist. Allerdings sollten Sie Ihrem Vermögen dann auch etwas mehr Zeit geben zu arbeiten. Bei Aktienfonds erhalten Sie Ihre Gewinne zudem nach einem Jahr steuerfrei.

Die Entwicklung eines Fonds ist wesentlich von der Branche abhängig, in die investiert wird. Hier müssen Sie sich zunächst die Frage beantworten, welches Risiko Sie einzugehen bereit sind. Es gibt Rentenfonds, Investmentfonds, Technologiefonds oder – mittlerweile auch für Privatanleger – Venture Capital Fonds. Der Name gibt oftmals bereits Aufschluss, in welche Sparte investiert wird. Biotechnologiefonds investieren in Biotechnologiewerte, Venture Capital Fonds zum Beispiel unter anderem in junge, viel versprechende Unternehmen, die aber auch ein gewisses Risiko bergen. Um das Risiko zu minimieren, können Sie auch in einen Dachfonds investieren, der das Kapital dann wiederum in verschiedene andere Fonds streut.

Entscheidend ist auch der Markt, in den investiert wird. Klären Sie, ob Ihr Wunschfonds in Europa, den USA, in Asien oder in Schwellenländern engagiert ist. Eine kürzlich erschienene Studie belegt, dass der

Markt zu 80 Prozent für Erfolg und Misserfolg der Entwicklung verantwortlich ist.

Haben Sie sich für eine Auswahl an Fonds entschieden, fordern Sie die Fondsprospekte an und studieren Sie diese genau. Hier erfahren Sie alles über die Anlagestrategie, das Anlageziel, den Markt, in den investiert wird, die bisherige Wertentwicklung und steuerliche Besonderheiten. Betrachten Sie die Entwicklung des Fonds nicht nur kurzfristig, sondern vergleichen Sie die Zahlen der vergangenen fünf Jahre, um sicher zu gehen, dass tatsächlich ein kluges Management dahinter steht und nicht nur mit Zufallserfolgen der letzten Monate geprahlt wird.

Zahlreiche unabhängige Verbrauchermagazine, aber auch Börsenzeitschriften und Finanzzeitungen vergleichen von Zeit zu Zeit auf dem Markt präsente Fondsgesellschaften und deren Produktpalette. Hintergrundinformationen bieten im Internet www.Geld-Idee.de oder www.FondsCheck.de. Nutzen Sie solche Übersichten, um sich umfassend zu informieren. Fragen Sie getrost auch in Ihrer Bank nach, ob man Ihnen den einen oder anderen Fonds empfehlen kann. Entscheiden Sie sich aber nicht vorschnell für einen Fonds Ihrer Hausbank, den man Ihnen mit Sicherheit vorschlagen wird, sondern vergleichen Sie und kaufen Sie, wenn Ihre Hausbank Ihren Wunschfonds nicht im Angebot hat, lieber direkt bei der Fondsgesellschaft oder bei einem unabhängigen Vermittler. Auch auf meiner Hotline empfehle ich hin und wieder Fonds, von deren guter Performance ich überzeugt bin.

Vereinbaren Sie, wenn möglich, einen variablen Zeitpunkt für die Auszahlung, um der Gefahr aus dem Weg zu gehen, dass starke Kursschwankungen Ihr Vermögen am Ende negativ beeinflussen. Es wäre bedauerlich, wenn eine vorübergehende Baisse Ihr Vermögen schmälert, und Sie ein halbes Jahr später einiges mehr an guten Gewinnen dafür bekommen würden. Oftmals können Sie langfristig angelegtes Geld über die Dauer von fünf Jahren abfordern. Somit stehen Sie auf der sicheren Seite, wenn es um die Auszahlung Ihres angesparten Vermögens geht.

Achten Sie, wenn Sie Fondsanteile kaufen, auf die Kosten und vergleichen Sie unterschiedliche Kreditinstitute und Fondsgesellschaften miteinander. Zu den Kosten zählen der Ausgabeaufschlag (meist zwischen drei und fünf Prozent) und die jährlichen Verwaltungs- und Depotgebühren. Ein und derselbe Fonds kann bei verschiedenen Anbietern unterschiedlich viel kosten, Direktbanken bieten Fonds sogar oft ohne Ausgabeaufschlag – als »no load« – an.

Grundsätzlich gilt: Auch beim Kauf von Fondsanteilen sollten Sie sich vorher gründlich informieren. Dann können Sie sich getrost zurücklehnen und andere für sich arbeiten lassen. Machen Sie mehrmals im Jahr einen Finanzcheck, und prüfen Sie, ob Sie mit der Entwicklung Ihres Kapitals zufrieden sind. Die Renditen sind garantiert höher als auf jedem festverzinslichen Sparbuch.

Mein Tipp:

- Wenn Sie keine Lust oder keine Möglichkeit haben, sich selbst intensiv um das Börsengeschehen zu kümmern, investieren Sie in einen Fonds.

- Informieren Sie sich auch bei einem Kauf von Fondsanteilen gründlich.

- Vergleichen Sie die Angebote verschiedener Banken und Fondsgesellschaften.

- Achten Sie auf Kosten und Gebühren (Ausgabeaufschlag, Verwaltungs- und Depotgebühren).

- Vereinbaren Sie nach Möglichkeit einen variablen Zeitpunkt für die Auszahlung, um bei Kursschwankungen selbst handeln zu können.

Sorgen Sie dafür, dass Sie zu den Gewinnern zählen

Das Unerwartete zu erwarten, verrät einen durchaus modernen Geist.

Oscar Wilde

Ich habe eine gute Bekannte in Berlin, die ein Reisebüro führt. Im Februar 2000 rief ich bei ihr an, um drei Flugtickets zu buchen. Wir plauderten am Telefon über alles mögliche, und sie erzählte schließlich, dass sie sich von ihrem Freund getrennt habe und im Augenblick sehr knapp bei Kasse sei, weil sie sich eine neue Wohnung einrichten müsse. Sie habe bei einem Möbelhaus eine Schrankwand für 1800 Mark bestellt und zahle diese mit monatlich 150 Mark ab. Ich schluckte etwas fassungslos, weil ich an diesem Beispiel erkannte, wie gut es mir ging, und beschloss, ihr in dieser Situation zu helfen. Auf meine Frage, ob sie ein bisschen Geld zur Verfügung habe, erwiderte sie, sie könne höchstens einen kleinen Betrag aus der Geschäftskasse nehmen, allerdings könne sie das nur für ganz kurze Zeit tun und sie dürfe dieses Geld selbstverständlich nicht verlieren.

Ich beruhigte sie. Die Börsenzeiten waren optimal,

man konnte kaum auf eine falsche Aktie setzen, weil so gut wie alle Werte stiegen. Also empfahl ich ihr, ein Depot zu eröffnen, sich einige Börsenzeitschriften zu kaufen und sich dann wieder bei mir zu melden. Bereits am nächsten Tag rief sie mich an und fragte, was ich von Biotechnologie-Aktien halte. Es waren gute Börsenzeiten, um in diese Branche zu investieren, und ich gab ihr den konkreten Tipp, das verfügbare Geld in die Aktie Morphosys zu investieren und konsequent einen Stopp-Loss zu setzen.

Die darauf folgenden Tage stieg diese Aktie, und Carolin hatte eine Woche später 25 000 Mark verdient. Als ich sie in ihrem Reisebüro anrief, war sie völlig fassungslos und fragte mich, ob sie jetzt verkaufen solle. Ich riet ihr, die Gewinne mitzunehmen, 15 000 Mark wieder zu investieren und sich für die restlichen 10 000 Mark einige neue Sachen für die Wohnung zu kaufen.

Meine Bekannte brachte in ihrer Begeisterung ihre ganze Familie und auch einige Freundinnen an die Börse. Sie realisierte gute Gewinne, legt aber heute ihr Geld in einem Fonds an, weil sie keine Möglichkeit hat, sich täglich intensiv mit den Kursen zu beschäftigen. Carolin ist ein gutes Beispiel dafür, dass man sich sehr schnell in das Thema Börse einarbeiten kann. Sie las damals aufmerksam die Börsenmagazine, rief meine Hotline an und holte natürlich auch meinen persönlichen Rat ein. Innerhalb kürzester Zeit war sie, was die Börse angeht, so gut informiert, dass sie erfolgreich mitspielen konnte.

Wenn es wirklich so kompliziert wäre, an der Börse zu spekulieren, dann würden nicht 80 Prozent der Amerikaner ihr Geld in Wertpapiere investieren. Sicherlich sind die Amerikaner eine etwas risikofreudigere Nation als wir Deutschen, aber Amerika ist für Deutschland auch immer Trendsetter gewesen und wird dies weiterhin sein.

Als ich anfing, an der Börse zu spekulieren, beschaffte ich mir neben Aktienmagazinen auch die unterschiedlichsten Fachbücher. Ich startete mit dem Werk »Aktien für alle«, einem Ratgeber, in dem der Autor seine Leser immer wieder ermuntert, sich an der Börse zu engagieren. Er erzählt darin von amerikanischen Hausfrauen, die sich zusammentaten und einen Investmentclub gründeten. Die Hausfrauen trafen sich regelmäßig, diskutierten Anlagestrategien und bewerteten Neuemissionen, legten ihr Geld zum Teil auch gemeinsam an, um mit einer höheren Summe einsteigen zu können. Das erstaunliche Ergebnis, das der Autor in diesem Buch offen legt, ist die Tatsache, dass dieser Hausfrauenclub, was die erwirtschafteten Renditen anging, in einem Jahr erfolgreicher agierte als die am Markt bekannten Fonds, die von professionellen Anlageberatern gemanagt wurden. An diesem Beispiel sehen Sie, dass tatsächlich keine umfassende Ausbildung notwendig ist, um an der Börse aussichtsreich zu agieren. Wenn amerikanische Hausfrauen Erfolge feiern und professionelle Fondsmanager keine Chance gegen sie haben, dann schaffen es auch deutsche Privatanleger, an der Börse viel versprechende Gewinne zu realisieren.

In Deutschland legen bislang nur elf Prozent der Bevölkerung ihr Geld in Aktien an. An diesen Zahlen können Sie abschätzen, welch enormes Wachstumspotenzial wir in diesem Bereich noch vor uns haben. Wenn Sie heute einsteigen, werden Sie immer noch einer der Ersten sein, die in diesem Zug sitzen, wenn er seine Fahrt beginnt. Und ich garantiere Ihnen, dass Ihr Zug eine lange, lange Reise vor sich hat, wenn er erst einmal losgefahren ist. Wir Deutsche haben ein enormes Nachholbedürfnis, was die Anlage in Wertpapieren angeht, und Milliardensummen privater Anleger schlummern noch immer auf Festgeldkonten mit drei Prozent Zinsen. Sorgen Sie also dafür, dass Sie in diesem Zug sitzen, und zwar im Erste-Klasse-Abteil, wenn er losfährt. Ansonsten kann es sein, dass Sie am Ende erst auf den Gepäckwagen aufspringen müssen, um noch ein paar Gewinne mitnehmen zu können.

Mein Tipp:

- Nur elf Prozent der Deutschen investieren heute in Aktien. Diese elf Prozent erzielen überdurchschnittliche Gewinne. Sorgen Sie dafür, dass Sie zu dieser kleinen Gruppe Erfolgreicher gehören.

Welche Bank ist für mich die richtige?

Jeder Mensch kann alles –
aber er muss auch zu allem bereit sein.

ALMA MAHLER-WERFEL

Ihr Geldinstitut steht Ihnen im Idealfall als Ihr wichtigster Partner beim Kauf von Wertpapieren zur Seite. Denn über Ihre Bank wickeln Sie Ihre Geschäfte ab, über sie werden Sie kaufen und verkaufen.

In einem vorangegangenen Kapitel habe ich Ihnen geraten, nicht ausschließlich Ihrem Bankberater zu vertrauen, wenn es um die Entscheidung für oder gegen eine Aktie geht. Ich wiederhole meine Empfehlung, sich zusätzlich selbst zu informieren und die Wahl letztendlich aus eigener Überzeugung zu treffen. Vielleicht spielen Sie gerade mit dem Gedanken, Ihr erstes Depotkonto zu eröffnen. Dann möchte ich Ihnen auch hier einige Tipps geben, mit deren Hilfe Sie die optimale Bank für Ihre Bedürfnisse finden werden.

Sie haben heute die Möglichkeit, zwischen einer Niederlassung und einem Onlinebroker oder einer Direktbank zu wählen. Onlinebroker oder Direktbanken sind Banken, die Sie über das Internet oder über Telefon und Fax erreichen. Sie verzichten hier ganz bewusst auf persönliche Beratung und wickeln Ihre Kauf- und Verkauforders direkt ab, das heißt, Sie ordern auch via Internet, Telefon oder Fax und dies zu äußerst günstigen Konditionen. Onlinebanking hat den Vorteil, dass Sie Ihre Aufträge schnell, weil direkt, tätigen. Wenn es Ihnen einfällt, können Sie Ihre Orders auch morgens um halb drei eingeben. Allerdings laufen Sie bei Onlinebrokern in ausgesprochen turbulenten Börsenzeiten auch Gefahr, dass Sie eventuell mal 20 Minuten in der Warteschleife hängen bleiben, bevor Sie Ihren Auftrag erteilen können, oder dass die Internetseite der Bank unter der Vielzahl der Kundenanfragen zusammenbricht und keine Orders mehr möglich sind. Natürlich arbeiten die Banken an diesen Problemen, um ihre Kunden zufrieden zu stellen, aber diese Nachteile sollten nicht verschwiegen werden.

Onlinebanken bieten Ihren Kunden mittlerweile auch sehr gute Servicepakete an. So haben Sie die Möglichkeit, bei fast allen Onlinebrokern rund um die Uhr Realtime-Kurse, das heißt Kurse in Echtzeit abzufragen. Sie gehen also über das Internet auf die Homepage der jeweiligen Bank und erhalten dort die aktuellen Kurse, zu denen das einzelne Wertpapier gerade an den unterschiedlichen Börsenplätzen gehandelt wird – mit maximal 15 Minuten Zeitverzögerung. Dies verschafft Ihnen natürlich erhebliche Vorteile. Sie können den Kurs einer Aktie im Tagesverlauf sehr genau verfolgen und dann eventuell schnell reagieren, wenn Sie kaufen oder verkaufen möchten. Außerdem entscheiden Sie, an welchem Börsenplatz

– ob in Stuttgart, Bremen, Berlin oder auch über Xetra – Sie Ihre Aktien ordern wollen.

Onlinebroker bieten ihren Kunden neben Aktienporträts und Links zu den Internetseiten der jeweiligen Unternehmen auch Charts an, in denen Sie den Kursverlauf der jeweiligen Aktie über die vergangenen Monate verfolgen können, und Sie offerieren so genannte Intraday-Charts, in denen Sie die Kursentwicklung innerhalb eines Tages genau nachvollziehen können. Zusätzlich finden Sie auf den Internetseiten der großen Onlinebroker auch so genannte Ad-hoc-Mitteilungen; dies sind Nachrichten, die Unternehmen im Rahmen ihrer Investor Relations, ihrer Öffentlichkeitsarbeit für Anleger, herausgeben, und die den Kursverlauf einer Aktie wesentlich beeinflussen können. Ad-hoc-Mitteilungen bieten Informationen zu Fusionen, Umsatzzahlen, zum Börsengang oder Managementwechsel. Vielleicht sind für den einen oder anderen eingefleischten Internetfreak auch die Chats interessant. Dies sind Foren, in denen mehr oder weniger versierte Broker via Internet ihre Anlagestrategien diskutieren. Allerdings rate ich Ihnen, Letzteres nicht allzu ernst zu nehmen, weil die Informationen auch völlig willkürlich sein können.

Es ist vermutlich eine Mentalitätsfrage, wem man die Pflege seines Aktiendepots anvertrauen möchte. Wenn Sie der Typ sind, der Geld lieber einer niedergelassenen Bank anvertraut, dann sollten Sie ein etabliertes Geldinstitut mit der Verwaltung Ihres Depots beauftragen. Sie haben hier den Vorteil, dass Sie auch einen persönlichen Ansprechpartner haben und individuelle Beratung genießen. Wenn Sie große Aufträge abwickeln, haben Sie auch hier die Chance, die Tarife und Gebühren individuell zu verhandeln und Ihre Orders zu günstigen Konditionen abzuwickeln. Ich persönlich bin übrigens immer noch bei meiner Bankniederlassung und bin damit sehr zufrieden.

Wenn Sie sich für eine Bank entscheiden, achten Sie darauf, dass diese Bank des öfteren einen Börsengang oder eine Neuemission begleitet. Banken, die das so genannte IPO begleiten, nennt man Konsortialbanken. Für Kunden dieser Banken sind die Chancen, Neuemissionen zugeteilt zu bekommen, sehr viel höher. Ansonsten kann man auch in Erwägung ziehen, zu einer kleinen Niederlassung einer Bank zu gehen. Sie werden dort oft bevorzugt behandelt, rasch bedient und haben, wenn Sie eilige Orders loswerden möchten, meist auch die Möglichkeit, diese sofort umzusetzen.

Für Daytrader, die als Privatanleger täglich, zum Teil mehrmals täglich, Aktien kaufen und verkaufen und die auf sehr kurzfristige Gewinnmitnahmen aus sind, gibt es eigentlich keine Alternative zum Onlinebrokerage. Für sie war das Internet einfach eine geniale Erfindung.

Unabhängig davon, ob Sie über das Internet ordern oder eine Bankniederlassung wählen: Das Internet bietet in jedem Fall gute Informationsmöglichkeiten für Anleger. Neben den Homepages der Online-Banken oder den Internetauftritten der Hausbanken gibt es noch eine ganze Reihe von Adressen, die umfangreiches Börsenwissen bieten. Im folgenden Kapitel finden Sie eine kleine Auswahl nützlicher Websites, deren Besuch sicherlich lohnt.

Mein Tipp:

- Bevor Sie ein neues Depot eröffnen, informieren Sie sich genau über die Gebühren, die die Bank für die Abwicklung Ihrer Orders verlangt. Sollten Sie zu einer Bankniederlassung in Ihrer Nähe gehen, verhandeln Sie.
- Sollten Sie sich für einen Onlinebroker entscheiden, sehen Sie sich die Seite im Internet vorher an und urteilen Sie, welchen Service der Anbieter bereithält und ob seine Seiten nutzerfreundlich aufgebaut sind.

Das World Wide Web: eine Fundgrube für findige Aktionäre

Gut fragen heißt, viel wissen.

Sprichwort aus Arabien

Kaum eine Erfindung revolutionierte unser tägliches Leben in den vergangenen Jahren mehr als das Internet. Seien es Nachrichten zu aktuellen Tagesereignissen, Auskunftsdienste zu Reisemöglichkeiten oder Mitteilungen zu Wirtschaftsunternehmen – das Internet fungiert als umfangreicher und fundierter Wissensspeicher, wenn es um jegliche Art von Information geht.

Auch für Aktionäre entwickelt sich das Internet zu einer unerschöpflichen Informationsquelle. Beinahe jedes börsennotierte Unternehmen bietet Anlegern auf seiner Homepage den Menüpunkt »Investor Relations«, unter dem Sie Informationen zur wirtschaftlichen Situation der Firma oder den aktuellen Geschäftsbericht abrufen können. Mit ein wenig Entdeckergeist lassen sich auch zahlreiche Seiten aufstöbern, die objektiv und unabhängig täglich frische Börsennews präsentieren. Meine persönlichen Favoriten und Quellen will ich Ihnen hier vorstellen.

- Fundiertes Hintergrundwissen, aktuelle Informationen und ein Lexikon mit mehr als 1 000 Fachbegriffen aus der Börsenwelt offeriert die Seite *www.aktiencheck.de*.
- Einen guten Einstieg für Neuaktionäre und viele Links zu anderen Websites finden Sie unter *www.finanzen.de*.
- Die Seite *www.business-channel.de* präsentiert Informationen zu Wirtschaft, Börse und Finanzen allgemein und
- unter *www.financial.de* haben Sie Zugriff auf ein virtuelles Informationszentrum für Anleger.
- Der Bundesverband Deutscher Banken stellt auf seiner Website *www.bdb.de* umfassendes Material zu Finanzen, Börse und Banken zur Verfügung, und
- unter *www.vwd.de*, dem Internet-Service der Vereinigten Wirtschaftsdienste, erhalten Sie die neuesten Nachrichten und Wirtschaftsmeldungen im Newsticker, und neben einem interaktiven Angebot mit umfassenden Serviceleistungen rund um den Aktien- und Fondsmarkt auch zahlreiche Links zu anderen Websites.
- Die Seite *www.wallstreet-online.de* ergänzt mit breit gefächerten Informationen für Anleger das umfassende Angebot im Internet.

- Die Seite *www.BoerseGo.de* hält aktuelle börsenrelevante Finanznews bereit und präsentiert Analysen aller Aktienwerte, die am Neuen Markt gelistet sind. Neben einem Musterdepot finden Sie auch ein Börsenspiel und Brokerboard.

- Unter *www.Boerse.de* können Sie sich einen Überblick verschaffen über Kurse von Aktien, Wertpapieren, Fonds und Derivaten. Für die unterschiedlichen Anlegertypen gibt es hier aktuelle Nachrichten zu Standardwerten, dem Neuen Markt und Neuemissionen sowie Kurse und Daten zu den wichtigsten Märkten weltweit.

- Speziell für börsenbegeisterte Damen wurde die Frauenfinanzseite unter gleichnamiger Adresse gestaltet. Miss Money Penny berät hier all diejenigen, die spezielle Fragen rund um das Börsengeschäft haben. Neben den obligatorischen Aktiennews wird auch Karrierecoaching geboten, es werden Tipps für die Altersvorsorge gegeben und unter der Rubrik »Geschichten« Porträts bekannter Köpfe aus Politik und Wirtschaft vorgestellt.
- Hervorheben möchte ich auch den Internetauftritt des Discountbrokers Consors. Unter *www.consors.de* haben Sie die Möglichkeit, Einzelkurse abzufragen und die Ad-hoc-Meldungen der letzten Monate zu begutachten. Auch die Analysteneinschätzungen verschiedener Banken und Magazine lassen sich hier nachlesen.
- Für spezifische Anfragen eignen sich die beiden Seiten *www.neuer-markt-inside.de* und *www.fonds-world.de*. Auf der ersten Seite finden Sie Aktuelles aus dem Segment des Neuen Marktes und Graumarktkurse.
- Hintergründe und Neuigkeiten über Fonds können Sie auf der Seite *www.fonds-world.de* erfah-

ren. Für echte Daytrader wurde der Auftritt *www.tradewire.de* ins Leben gerufen. Er offeriert einen Einsteigerkurs für die Börse, einen Chat mit Kollegen, die IPOs der Stunde sowie Tipps und Tricks zum Thema Daytrading.

- Unter *www.exchange.de* präsentiert sich die Gruppe Deutsche Börse mit ihren Tochtergesellschaften.
- Das Deutsche Aktieninstitut, der Verband deutscher börsennotierter Aktiengesellschaften und anderer an der Aktie interessierter Unternehmen und Institutionen, finden Sie unter der Adresse *www.dai.de.* Der gemeinnützige Verband hat sich die Förderung der Aktie als Anlageform und Finanzierungsinstrument der deutschen Wirtschaft zur Aufgabe gemacht und bietet Interessierten in diesem Rahmen auch Seminare und Workshops zu Themen rund um den Kapitalmarkt. Neben wissenschaftlichen Beiträgen zum Aktienwesen sowie Fachinformationen für Presse und Wirtschaft finden sich hier auch zahlreiche Links zu börsennotierten deutschen Unternehmen.

Für alle Surfer aus Österreich und der Schweiz sei noch auf zwei Seiten hingewiesen: *www.finanzen.at* listet in erster Linie österreichische Werte auf und kommentiert die Entwicklungen und Konjunkturnachrichten des Landes. Die Schweiz präsentiert unter *www.Boerse.ch* speziell die Neuigkeiten, die Schweizer Werte betreffen.

Selbstverständlich können Sie auch über Suchmaschinen gehen oder auf den Seiten der großen Nachrichtensender die Links zu ausgewählten Internetadressen nutzen.

Mein Tipp:

- Das Internet bietet zahlreiche Websites, auf denen Sie ausführliche Informationen zu Wertpapieren, aktuellen Kursen oder Ad-hoc-Mitteilungen finden.

Videotext – die einfache Alternative zum Internet

Der einzige Mensch, der niemals einen Fehler macht, ist der Mensch, der niemals etwas tut.

THEODORE ROOSEVELT

All denjenigen unter Ihnen, die noch nicht über einen Internetzugang verfügen, möchte ich in diesem Kapitel eine einfach zu handhabende, preisgünstige und oft unterschätzte Alternative vorstellen. Videotext – oder auch Teletext, wie es genannt wird – entwickelte sich für mich in den vergangenen Jahren zum wichtigsten Informationsmedium, wenn es um Kursinformationen oder auch Wirtschaftsnachrichten geht. Auch meine ersten Anlageerfolge – selbst meine erste Million – habe ich diesem Medium und den Börsenmagazinen zu verdanken, da ich damals noch keinen Zugang zum World Wide Web hatte.

Sie können als Nutzer zwischen den einzelnen Sendern ARD, ZDF, Pro Sieben oder auch N 24 wählen; ich selbst favorisiere die Videotext-Tafeln des Nachrichtensenders n-tv, da dieser die aktuellsten Zahlen übersichtlich aufbereitet darbietet. Die Rubrik »Börse« startet auf der Tafel 200, auf 201 folgen die Indizes und anschließend die Kurstafeln. Auf den Videotext-Tafeln des Senders ntv werden übrigens auch täglich die Themen meiner Hotline beworben. Sie erfahren dort auf den Tafeln 219 bis 226, welchen Themen ich mich aktuell auf meiner Hotline widme, wie ich die aktuelle Marktlage einschätze und bei welchen Titeln ich zum Einstieg, bei welchen ich zum Ausstieg rate.

Während Sie durch den Videotext blättern, können Sie parallel dazu gleich die Wirtschafts- oder Börsennachrichten anhören, wo man immer wieder die eine oder andere kursrelevante Neuigkeit mitbekommt. Für mich zählt das Fernsehgerät mittlerweile zur Grundausstattung meines Büros, und dank der Nachrichtensender bin ich immer auf dem Laufenden. Videotext hat den unschlagbaren Vorteil, dass Sie von beinahe jedem Ort Deutschlands aus problem- und kostenlos darauf Zugriff haben. Egal in welcher Stadt ich mich gerade aufhalte – sobald ich in einem Hotel einchecke, frage ich, ob es einen Fernseher mit Videotext gibt, denn ich finde dort alle Kurse auf einen Blick.

Ich möchte Ihnen eine kleine Anekdote zu diesem Medium erzählen. Vor knapp zwei Jahren saß ich bei meiner Frisörin im Salon und berichtete ihr von meinen Aktiengeschäften. Sie sah mich nur gelangweilt an und konnte meinen Enthusiasmus nicht nachvollziehen, hielt die Börsenwelt für viel zu kompliziert. Ich ermunterte sie trotzdem immer wieder, sich doch wenigstens einmal mit der Materie zu beschäftigen, einfach einmal eine Stunde weniger im Salon zu arbeiten und diese Stunde in die kluge Verwaltung ihres Vermögens zu investieren. Als ich zwei Monate später wieder bei ihr saß, erzählte sie mir zu meinem größten Erstaunen, dass sie sich tatsächlich mit dem Thema Aktien beschäftigt und vor zwei Wochen ihr erstes Anlegermagazin gekauft habe. Seitdem lese sie regelmäßig Börsenzeitungen. Zudem blättere sie jeden Abend durch Videotext, um auf dem Laufenden zu sein und Anlagetipps und -strategien zu verfolgen. Obgleich Sie bislang noch nie in ihrem Leben durch die Tafeln geblättert habe, hätte ich sie mit meinen Erzählungen so neugierig gemacht, dass ihr erster Gang, wenn sie abends nach Hause komme, sie an ihren Fernseher führe, wo sie die Kurse der Wertpapiere, die sie sich ausgeguckt habe, verfolge. Mit einem Schmunzeln bemerkte ich die Begeisterung in ihren Augen, die von vielen Besitz ergreift, wenn sie anfangen, sich mit der Materie Börse zu beschäftigen.

Wohlgemerkt: Denise hatte bis zu diesem Zeitpunkt noch keine Aktie gekauft, sie beobachtete lediglich die Werte, die sie sich persönlich ausgesucht hatte. Wie ich ihr geraten hatte, wollte sie sich erst einmal informieren, mit der Börsenmaterie vertraut werden und sich einarbeiten. Ich bestärkte sie in ihrem Vorgehen, und riet ihr, sich ein Musterdepot anzulegen und die Aktien, die sie favorisiere, hineinzunehmen und genau zu beobachten, wie sich diese weiter entwickelten.

Bei meinem nächsten Besuch teilte sie mir mit, dass sie das Börsengeschehen nun lange genug beobachtet habe. Die Aktien, auf die ihre Auswahl gefallen sei und die sie in ihr Musterdepot aufgenommen habe, seien zum Teil gestiegen, zum Teil aber auch gefallen; da sie aber, wie ich es ihr geraten hatte, in ihrem virtuellen Depot mit Stopp-Loss-Limits gearbeitet hatte, habe sie bei den Einzelaktien nie mehr als zehn bis fünfzehn Prozent verloren – sie hatte die Verluste begrenzt und ihre Gewinne maximiert. Alles in allem habe sie mit ihrem Musterdepot in den letzten acht Wochen knapp 35 Prozent erzielt: »Wenn ich also 10 000 DM angelegt hätte, hätte ich in zwei Monaten 3500 DM verdient«, berichtete sie überzeugt. Genau aus diesem Grund hatte auch sie das Börsenfieber gepackt, und sie kaufte damals ihre erste Aktie.

Denise informierte sich bislang ausschließlich über Videotext und in Börsenmagazinen, wie auch ich es anfangs getan habe. Inzwischen hat sie sich allerdings einen PC mit Internetzugang und einer speziellen Chartsoftware zugelegt, um ihre Aktien professionell analysieren zu können. Jedes Mal, wenn ich zu ihr in den Salon komme, erzählt sie mir begeistert von den Neuigkeiten, die sie wieder im Markt entdeckt hat. Gestatten Sie, dass ich Denise als ein weiteres Beispiel dafür anführe, dass tatsächlich jeder an der Börse erfolgreich sein kann. Alle haben hier die gleichen Voraussetzungen und Chancen. Jeder verfügt über sein persönliches Depot und damit über sein privates Unternehmen, das optimal geführt werden möchte.

In beinahe allen deutschen Haushalten steht heute ein Fernsehgerät mit Videotext, das die Möglichkeit eröffnet, spielerisch, kosten- und risikolos die Entwicklung der Werte zu verfolgen, die man favorisiert. Wenn Sie also anfangen, an der Börse zu investieren, müssen Sie nicht unbedingt in einen PC mit Internetanschluss investieren; auch die Videotext-Tafeln Ihres Fernsehers helfen Ihnen, erfolgreich an der Börse zu agieren.

Behavioral Finance oder: Zur Psychologie der Anleger

Für Börsenspekulationen ist der Februar einer der gefährlichsten Monate. Die anderen sind Juli, Januar, September, April, November, Mai, März, Juni, Dezember, August und Oktober.

Mark Twain

Immer wieder kommen Anleger auf mich zu und fragen, warum der Markt in den Sommermonaten so schwach ist. Für diese sicherlich zutreffende Beobachtung gibt es mehrere Gründe. Zum einen müssen Sie sich bewusst machen, dass der Wertpapierhandel von Kauf- und Verkaufsentscheidungen, die Menschen treffen, gesteuert wird. Deshalb spielen auch psychologische Faktoren eine nicht unwesentliche Rolle, wenn es um größere Kursbewegungen geht: Die Begeisterung über Gewinne oder die Angst vor zu großen Verlusten kann bei Anlegern zu irrationalem Verhalten führen. Oftmals werden in volatilen Zeiten voreilige Entscheidungen getroffen, es entstehen Masseneuphorien, Spekulationsgerüchte oder Panikverkäufe, die einen Kurs in die Höhe treiben oder ihn genauso schnell fallen lassen.

Ich habe Ihnen deshalb aus gutem Grund bereits mehrmals ans Herz gelegt, in Ihrer Urteilsfindung auf

Charts, Analystenempfehlungen und Unternehmenszahlen zu vertrauen. Es hilft aber auch, die eigene Anlagestrategie kritisch zu überprüfen und die Psychologie des Marktes zu beobachten.

Der Aachener Wirtschaftsprofessor Rüdiger von Nitzsch stellte fest, »dass die Börse eine durch und durch menschliche Veranstaltung ist. Ein Marktplatz, getrieben von Hoffnungen und Ängsten«.[4] Um die einzelnen Anlegertypen – vom nervösen Einsteiger bis hin zum coolen Börsenprofi – besser einschätzen zu können, entwickelte er in Zusammenarbeit mit dem Aachener Unternehmen Aixigo für *Focus-Money* einen Fragebogen, mit dessen Hilfe jeder Anleger seine mentale Stärke, seine Risikobereitschaft und sein Börsenwissen testen kann. Anhand dieses Tests, den Sie im Internet unter www.focus-money.de finden, können Börsianer feststellen, welcher Anlegertyp sie sind und welcher Risikoklasse sie sich zuordnen sollten. Es wird zwischen zwölf Typen unterschieden, jedem Anlegertyp werden auch Empfehlungen zur Depot-Zusammensetzung gegeben. Es lohnt sich durchaus, hier einmal vorbeizusurfen.

Dass die psychologischen Eigenheiten der Börse durchaus Beachtung verdienen, beweist auch ein neues Studienfach, das in den Vereinigten Staaten im Rahmen eines Studiums der Finanzwissenschaften angeboten wird: Behavioral Finance. Die Dozenten dieses Faches gehen davon aus, dass sich Anleger nur bis zu einem gewissen Grad rational verhalten und dass Kauf- oder Verkaufentscheidungen auch sehr stark von Emotionen beeinflusst werden. In Zusammenarbeit mit Investmentbankern, Psychologen und Soziologen versuchen die Wirtschaftswissenschaftler, Ursachen für das rational unbegründete euphorische oder panische Verhalten der Anleger zu finden. Ihr Forschungsansatz wird im Augenblick sicher noch kontrovers diskutiert. Ich persönlich glaube, dass sich hier interessante Zusammenhänge von Individualität und massenhaftem Verhalten, von Reflexionen und Psyche werden festellen lassen. Es ist ein noch weitgehend unbekanntes Feld, das aber für die Einschätzung des Marktes von eminenter Bedeutung sein kann.

Im Jahr 2000 wurde die »Psychologie der Börse« besonders deutlich. Im ersten Quartal des Jahres konnten wir eine überaus starke Marktentwicklung und ein ausgesprochen positives Marktumfeld beobachten. Als Anleger war man in der glücklichen Lage, nahezu jede Neuemission zeichnen und auf beinahe jede Aktie setzen zu können, es waren fast ausschließlich Gewinne zu verbuchen. Gerade der Neue Markt stieg ausgesprochen schnell, die dort notierten Aktien erzielten Gewinne um mehrere 100 Prozent – und dies, ohne dass täglich positive Nachrichten aus den Unternehmen gekommen wären.

In ihrer Begeisterung kauften Börsianer so ziemlich alles, was »dot-com« hieß, und trieben die Kurse künstlich in die Höhe. Dazu kam der große Run der Privatanleger auf die Neuemission Infineon. In nahezu allen Bevölkerungsschichten brach eine regelrechte Euphorie aus, was diese Aktie betraf. Allein in der Stadtsparkasse München wurden, laut eines Berichts der *Süddeutschen Zeitung* vom 2. März 2000, »seit dem Zeichnungsbeginn am 21. Februar pro Tag im Schnitt 1100 Depots neu eröffnet«. 90 Prozent davon, so ein Sprecher des Geldinstituts, bezogen sich auf die Aktie Infineon. »Der Andrang der Anleger überraschte die Banken. ›Alle Erwartungen wurden übertroffen‹, erklärte eine Sprecherin der Deutschen Bank. Auch der Discount-Broker Consors und die Comdirekt sprechen von millionenfachen Orders.«[5]

Die Aktie feierte am 13. März 2000 ihr IPO, das Bookbuilding stand bei 35 Euro, im Graumarkt wurde die Aktie bereits bei mehr als 100 Euro gehandelt. Am ersten Handelstag notierte Infineon schließlich anfangs bei etwa 73 Euro, stieg kurzzeitig auf etwa 80 Euro, fiel dann wieder leicht zurück. Mit dieser Entwicklung wurde der Crash der Märkte eingeläutet. Ab Mitte März fielen die Kurse im Neuen Markt – im Juli hatten sie sich zum Teil halbiert, zum Teil waren sie noch tiefer in den Keller gesunken. Panikverkäufe sorgten für rasant fallende Indizes.

Der Kursrückgang setzte im Jahr 2000 also relativ früh ein. Normalerweise ist es an der Börse tatsächlich so, dass die Sommermonate Juni, Juli, August – bisweilen auch noch der September – relativ schwach sind. Im Oktober kommt es oftmals noch einmal zum Crash – auch dies wird von den Behavioral-Finance-Spezialisten mit psychologischen Momenten begründet, denn objektiv betrachtet liegt die Wahrscheinlichkeit für einen Kursrückgang in diesem Monat bei statistischen 14 Prozent. Da aber anscheinend viele Börsianer an den Oktobercrash glauben, führt die

Angst davor zu irrationalen Verkäufen. Im November, Dezember, Januar, Februar und März steigen die Kurse wieder.

Geraten Sie nun bitte nicht in Panik: Wenn Sie Ihre Stopp-Kurse etwa zehn Prozent unter dem aktuellen Kurs Ihrer Aktie, wie ich es Ihnen empfohlen habe, bei einem ungeraden Betrag gesetzt haben, kann Ihnen nichts passieren. Ihre Aktien werden automatisch verkauft und Sie haben Ihre Gewinne auf der sicheren Seite.

Sicher ist ein Teil des Kursrückgangs auch darauf zurückzuführen, dass viele Anleger in den Sommermonaten Urlaub machen. Sie setzen ihren Stopp-Loss bei geraden Marken, also zum Beispiel bei 90 Euro, und wenn eine Aktie diese Marke erreicht, wird eine wahre Verkaufslawine ausgelöst. Diesen zahlreichen Verkäufen stehen auf der anderen Seite zu wenig Käufer entgegen. Der Kurs der Aktie sinkt. In den Herbst- und Wintermonaten sind dagegen genügend Käufer vorhanden, der Kurs der Aktie steigt wieder.

Ich glaube, dass sich dieses Phänomen mittlerweile zu einem gewissen Grad verselbständigt hat. Da viele Anleger, vor allem bekannte Analysten und die Manager kapitalintensiver Fonds, davon ausgehen, dass die Kurse in den Sommermonaten einbrechen, verkaufen sie ihre Wertpapiere – es kommt zu Kursrückgängen bis hin zum Crash, der sich von Jahr zu Jahr stärker ausprägt.

Ich rate Ihnen deshalb, sich in den Sommermonaten gar nicht so sehr in Aktien zu engagieren. Orientieren Sie sich an den Fondsmanagern: Auch sie ziehen ihr Kapital über die Sommermonate zum Teil aus dem Markt zurück. Beobachten Sie die Profis, die Analysten und Börsengurus: Auch sie erzielen im Mai, Juni, Juli und August keine großen Gewinne. Warum sollten Sie, als Privatanleger, in dieser Zeit dann große Hoffnungen in die Börse setzen?

Auch die Musterdepots bekannter Börsenzeitschriften und kapitalintensiver Fonds verlieren in den Sommermonaten oft 30 bis 40 Prozent. Sicherlich gibt es die eine oder andere Einzelaktie, die währenddessen überproportional steigt und einem Fonds Erfolg beschert. Aber um in den Sommermonaten große Gewinne zu machen, müssen Sie sich tatsächlich genau informieren und die Marktlage sehr gut einschätzen können.

Nehmen Sie in volatilen Zeiten lieber die Gewinne mit und bauen Sie sich die eine oder andere Cash-Position auf, die es Ihnen ermöglicht, dann wieder einzusteigen, wenn sich die Situation beruhigt hat. Sehen Sie es positiv: Im Oktober sind die Kurse so tief gesunken, dass Sie optimale Einstiegschancen bieten. Dann können auch Sie wieder beginnen, echte »Schnäppchen« zu kaufen und sich an Ihren Gewinnen erfreuen. Tiefstkurse sind Kaufkurse und damit – so paradox das auf den ersten Blick scheinen mag – eine Freude für jeden Aktionär.

Denken Sie daran: Wenn die Kurse stark sinken, dann werden sie eines Tages auch wieder stark ansteigen. In jedem Kursrückgang liegt eine neue Chance. Auch ich habe mein Geld während der Sommermonate als

Tagesgeld geparkt und steige erst im Herbst wieder richtig ein. Denn es gibt nichts Schöneres, als zu sehen, dass der Index um 100 Punkte sinkt und Sie sind nicht betroffen. Aber fast genauso schlimm ist es dagegen, wenn der Index um 100 Punkte steigt und Sie profitieren nicht davon. Wenn Sie sich nicht ganz sicher sind, ob der richtige Zeitpunkt zum Einstieg schon gekommen ist, investieren Sie vorerst kleine Summen; Sie müssen sich dann nicht ärgern, wenn der Kurs fällt, denn den Großteil Ihres Geldes haben Sie noch auf der sicheren Seite. Wenn der Kurs nach oben klettert, können Sie sich trotzdem an kleinen Gewinnen freuen.

Mein Tipp:

- Manchmal beeinflussen massenpsychologische Faktoren die Marktentwicklung oder den Kurs eines Wertpapiers so stark, dass es keine rationale Erklärung für Kursschwankungen gibt. Bedenken Sie, dass die Börse von Menschen gesteuert wird.
- Wenn Sie Ihren Stopp-Loss bei einer ungeraden Marke gesetzt haben, wird Sie auch ein Crash nicht aus der Fassung bringen.
- Parken Sie Ihr Geld in den Sommermonaten als Festgeld.
- Freuen Sie sich über die Tiefstände im September und Oktober – schwache Kurse sind Kaufsignale und eine Freude für jeden Aktionär.

Der Aktiensplit

Die Börse ist die einzige Möglichkeit,
die einem normalen Menschen
die Chance bietet, Millionär zu werden.

ALI DEDEAL

Da ich Ihnen im vorangegangenen Kapitel einiges über die Psychologie der Anleger erzählt habe, möchte ich es nicht versäumen, auf ein weiteres Phänomen an der Börse hinzuweisen, das ebenfalls mit psychologischen Faktoren zu erklären ist.

Wenn Sie den Wirtschaftsteil Ihrer Tageszeitung durchblättern oder die Laufbänder auf n-tv oder N 24 betrachten, wundern Sie sich vielleicht, dass es Aktien gibt, die bei 6,80 Euro und andere, die bei 1970 Euro notieren. In der Regel bietet der niedrige Preis einer Aktie eine günstige Chance zum Einstieg. Die schwache Notierung einer Aktie bedeutet aber nicht notwendig, dass sie unterbewertet ist. Denn der Preis, der für ein Wertpapier bezahlt wird, sagt nicht unbedingt etwas über den jeweiligen Wert des Unternehmens aus. Viele Unternehmen kalkulieren aber mit dem psychologischen Effekt niedriger Kurse und führen einen so genannten Aktiensplit durch.

Ein Beispiel: Eine Aktiengesellschaft plant ihren Börsengang. Der Wert dieses Unternehmens wird von den Konsortialbanken, die den Börsengang begleiten, auf etwa 10 000 000 Euro geschätzt. Da der Preis einer Aktie beim Börsengang zehn Euro betragen soll, werden 1 000 000 Aktien ausgegeben. Ein Jahr später ist eine Aktie dieses Unternehmens auf 100 Euro gestiegen, das heißt, der Unternehmenswert hat sich verzehnfacht. Bei diesem Kurs reduziert sich in der Regel die Zahl der Anleger, die bereit sind, dieses Papier zu kaufen: Viele werden sich sagen, wenn die Aktie um das Zehnfache gestiegen ist, hat sich ihr Wachstumspotenzial erschöpft. Tritt diese Situation ein, hat das Unternehmen die Möglichkeit, einen so genannten Aktiensplit durchzuführen: Die Zahl der am Markt vorhandenen Aktien wird einfach verdoppelt, der Preis der Aktie halbiert sich, der Unternehmenswert bleibt gleich.

Wenn Sie als Anleger bislang 100 Aktien dieses Unternehmens zu 100 Euro hielten, haben Sie nach dem Aktiensplit 200 Aktien zu je 50 Euro in Ihrem Depot. Ihr Anteil am Unternehmen bleibt also gleich, auch der Unternehmenswert hat sich durch einen Aktiensplit nicht verändert. Allerdings kostet eine Aktie nun nur noch 50 Euro – bei diesem Preis finden sich garantiert wieder Anleger, die bereit sind einzusteigen. Oftmals bietet die Zeit vor einem Aktiensplit aber gerade deshalb eine gute Gelegenheit, Aktien eines Unternehmens zu kaufen. Die Rechnung geht meist auf, und nicht selten erreichen die gesplitteten Aktien nach einiger Zeit wieder den Höchststand, den sie vor der Teilung hatten. Eine Aktie muss übrigens nicht eins zu zwei gesplittet werden, das Verhältnis kann zum Beispiel auch eins zu fünf sein.

Bei einem Unternehmen, dessen Aktien, um das Beispiel noch einmal aufzugreifen, bei 1970 Euro notieren, darf man davon ausgehen, dass diese Aktie noch nie gesplittet wurde. Über den wahren Wert eines Unternehmens können Sie allerdings nur dann etwas aussagen, wenn Sie wissen, wie viele Aktienanteile gehandelt bzw. von der Aktiengesellschaft selbst gehalten werden.

Dreißig Einhundert-Mark-Scheine

Was ich tun werde, weiß ich erst, wenn ich's getan habe.

Ludwig Marcuse

Während meines letzten Sommerurlaubs auf einer griechischen Insel kam ich beim Abendessen mit sehr interessanten Tischnachbarn ins Gespräch. Selbst in den unterschiedlichsten Branchen tätig, zeigten sie großes Interesse, als ich erzählte, dass ich eine Börsen-Hotline betreue und mein Geld hauptsächlich mit Aktien verdiene. Besonders Johannes, ein Herzchirurg, stellte immer wieder Fragen, die ins Detail gingen und wollte ganz genau wissen, welche Anforderungen eine Börsen-Hotline an ihren Betreuer stellt. Je mehr ich erzählte, um so neugieriger wurde er auf das Thema Börse und Aktien.

Seine Frau, eine Zahnärztin, vertrat die – sicherlich richtige – Meinung, dass Aktien allmählich ein Thema für die breite Masse der Bevölkerung würden. Vor allem im Februar und März dieses Jahres 2000 hätten viele ihrer Patienten über Aktien gesprochen, und in allen Medien, selbst in der *Bild*-Zeitung, sei darüber berichtet worden. Auch sie habe damals beschlossen, es mit Aktien zu versuchen und habe Anteile des Unternehmens EM.TV gekauft. Ich fragte genauer nach, warum sie das getan habe. Sie antwortete, diese Aktie sei überall in den Schlagzeilen gewesen, deshalb hätte sie hier investiert.

Natürlich war sie nicht besonders glücklich, weil sie seit März mit EM.TV letztlich nur Verluste erlitten hatte. Ich erläuterte ihr den Grund: Im März war der Kurs dieser Aktie bereits um 120 Prozent gestiegen. Es machte nicht viel Sinn, dann noch zu investieren. Sie reagierte überrascht. Ich erklärte ihr, dass sie im Wesentlichen drei Fehler begangen habe:

Sie hatte sich erstens überhaupt nicht mit der Börse beschäftigt, bevor sie einstieg, sie hatte keine Informationen gesammelt und sich nicht mit anderen erfahrenen Anlegern unterhalten. Zweitens hatte sie keinen Stopp-Loss gesetzt und deshalb mehr Geld als nötig verloren. Drittens hielt sie diese Aktie noch immer und wartete, dass sie wieder steigen würde.

Ihr Mann sah mich staunend an und wollte noch mehr erfahren. Ich erzählte jemandem, der immerhin 15 Semester lang studiert, promoviert und seine praktische Ausbildung durchlaufen hatte, wie einfach es sei, an der Börse Geld zu verdienen. Ohne Studium, ohne Ausbildung, ohne anerkannten Abschluss. Johannes benötigte anschließend genau zwei Tage, um sich erste Informationen über die Börse zu verschaffen. Er kaufte sich am Hotelkiosk einige Anlegermagazine und orderte dann noch während des Urlaubs seine erste Aktie.

Vorher bat er mich um Unterstützung und fragte,

was ich von D. Logistics halte. Ich konnte ihm hier nur zuraten, denn dieses Unternehmen, das Logistiklösungen anbietet, stieg auf Grund positiver Nachrichten auch in den Sommermonaten, während die meisten anderen Kurse stagnierten oder Rückgänge zu verzeichnen hatten. Zudem hatte D. Logistics in den vergangenen Wochen immer wieder für positive Schlagzeilen gesorgt: Im Juni 2000 erhielt diese Aktiengesellschaft einen Millionenauftrag und übernahm zwei US-Firmen. Im Juli übernahm sie eine deutsche Gesellschaft und hob ihre Umsatz- und Gewinnerwartungen an. Die Analysten des Kant-Vermögensmanagements stuften die Aktie aufgrund des Wachstums und der Akquistionen auf »Übergewichten«; bereits einen Tag später stieg D. Logistics auch bei einem Internet-Gesundheitsportal ein. Das Unternehmen positionierte sich ausschließlich durch erfreuliche Meldungen am Markt.

Johannes kaufte 150 D. Logistics-Aktien bei 75 Euro, dies war an einem Dienstag. Am Freitag darauf lagen wir zusammen am Pool und unterhielten uns über die Aktie. Ich rief bei meiner Bank an, um zu fragen, wo die D. Logistics-Aktie stünde. Sie notierte bei 90 Euro. »Kann es sein, dass ich jetzt 4500 Mark verdient habe?« fragte Johannes mich völlig verblüfft. Ich bejahte dies, und meinte, er habe den Urlaub nun innerhalb von drei Tagen wieder hereingespielt.

Ich riet ihm zu verkaufen. Allerdings wurde jetzt deutlich, dass er Kunde einer Bank war, deren Wertpapierabteilung nicht effizient genug arbeitete. Er rief bei seiner Bank an, und es dauerte schon einige Minuten, bis er zum richtigen Ansprechpartner verbunden wurde, dem er den Auftrag, bei 88 Euro zu verkaufen, durchgeben konnte. Die Bank reagierte auch dann noch zu langsam und verkaufte erst bei 85 Euro. Johannes erzielte durch diese Verzögerungen 1500 Mark weniger Gewinn.

Dieses Beispiel verdeutlicht, dass es durchaus Sinn machen kann, zu einer kleinen Niederlassung einer Bank zu gehen, die immer erreichbar ist und Ihre Aufträge zeitgleich ausführen kann. In einer großen Bank kann es Ihnen passieren, dass Ihr Ansprechpartner im Augenblick noch drei andere Kunden am Telefon hat, und Sie erst einmal entscheidende Minuten in der Warteschleife hängen.

Johannes war alles andere als begeistert, als er erfuhr, dass er von seinem Gewinn wieder 1500 Mark verloren hatte. In dieser Situation machte ich ihn darauf aufmerksam, dass er auch 3000 Mark gewonnen hatte. Und ich riet ihm, sich 30 Einhundert-Mark-Scheine auf den Tisch zu zählen. Machen auch Sie das! Wenn Sie Gewinne realisiert haben, zählen Sie sich das gewonnene Geld in Einhundert-Mark-Scheinen auf den Tisch, um sich zu vergegenwärtigen, wie viel Geld das ist. Trauern Sie verloren gegangenen Gewinnen nicht nach. Nehmen Sie es als Erfahrung und lernen Sie daraus.

Johannes telefonierte noch am gleichen Tag mit dem Abteilungsleiter seiner Bank und machte ihm klar, dass er durch ein von der Bank verschuldetes Missgeschick beim Verkauf seiner Aktien Verluste erlitten habe. Als er von dem Telefonat zurückkam, meinte er, er hätte nie gedacht, dass er nach so kurzer Zeit mit einem Abteilungsleiter einer Bank so qualifiziert über Aktieninvestments sprechen könne. Innerhalb von nur wenigen Tagen habe er so viel über die Börse gelernt; dieser Urlaub habe sich für ihn mehr als bezahlt gemacht.

Um an der Börse erfolgreich zu investieren, müssen Sie nicht unbedingt jahrelang studieren. Sie sollten die allgemeine Marktlage einschätzen können und sich auf wenige Werte konzentrieren, mit denen Sie handeln und die Sie durch einen Stopp-Loss konsequent absichern.

Sie benötigen, um auf dem Laufenden zu sein, auch nicht unbedingt einen Computer oder einen Internetzugang, es genügt zum Einstieg ein Fernseher, an dem Sie über Videotext die Kurse verfolgen. Johannes, der bis dato kein TV-Gerät hatte, investierte einen Teil seines Gewinns in einen neuen Fernseher und nutzt ihn als Informationsquelle für seine Aktiengeschäfte. Als ich ihn am Wochenende traf, erzählte er mir, dass er bereits einige Gewinne realisiert habe, dass er aber auch mit einer Aktie zehn Prozent Verlust erlitten habe. Auf meinen Rat hin hatte er einen Stopp-Loss gesetzt und somit nur zehn Prozent verloren, während die Aktie tatsächlich um 35 Prozent gefallen war. »Alles, was du mir im Urlaub geraten hast, war richtig, und jede Einzelheit, die du mir erklärt hast, stimmte bis ins kleinste Detail!« erzählte er mir bei unserem letzten Treffen. Es war das schönste Kompliment, das er mir machen konnte. Aber letztlich kann ihn nur sein eigener Erfolg, den er bei seinen Wertpapierspekulationen hat, überzeugen.

Johannes hat sein Konto – wie viele Mediziner – bei der Apotheker- und Ärztebank. Diese Bank begleitet zahlreiche Neuemissionen im Biotech-, im Medizintechnik- und Pharmabereich, und ich habe ihm empfohlen, hier die eine oder andere Neuemission zu zeichnen. Einer der Newcomer im August 2000 war das Unternehmen Macropore mit einer Bookbuilding-Spanne zwischen 12 und 15 Euro. Er zeichnete 1000 Stück für seine Frau, 1000 Stück für seinen Sohn und 1000 Stück für sich. Im Graumarkt stand der Kurs von Macropore bereits bei 23 Euro, was ein sicheres Indiz dafür war, dass die Erstnotiz höher sein würde als der Ausgabekurs.

Johannes beachtete alle Regeln: Er vergewisserte sich, dass seine Bank zu den Konsortialführern zählte. Er beobachtete den Graumarktkurs, um sicherzugehen, dass sich diese Neuemission gut entwickeln würde. Er verfolgte aufmerksam die Analystenstimmen und Börsenpublikationen, um zu sehen, wie diese junge Aktie in der Öffentlichkeit bewertet wurde.

Er bekam letztlich jeweils 150 Aktien für seinen Sohn, seine Frau und sich selbst zugeteilt. (Sie werden es bei Neuemissionen öfter erleben, dass Sie wesentlich weniger Aktien zugeteilt bekommen, als Sie zeichnen.) Der erste Kurs von Macropore stand bei 22 Euro und Johannes verkaufte gleich am ersten Handelstag, weil er einmal das Gefühl erleben wollte, einen Zeichnungsgewinn mitzunehmen. Er erzielte pro Aktie sieben Euro Gewinn, das waren insgesamt 3150 Euro, etwa 6300 Mark.

Heute ist Johannes begeisterter Börsianer, der noch abends im Bett Börsenzeitschriften studiert. Er beginnt langsam und setzt kleine Summen ein. Damit ist er ein Beispiel dafür, dass man, um an der Börse zu spekulieren, keine 10 000 Mark benötigt. Sie können auch mit 1 000 oder 2000 Mark einsteigen.

Ich war übrigens nicht der Einzige, den Johannes im Urlaub kennen gelernt hatte und der mit Aktien erfolgreich war. An unserem Tisch saß ein Ehepaar, das offen über seine erfolgreichen Börseninvestitionen sprach und meinte, wenn sie jetzt aus dem Urlaub zurückkämen, seien ihre Aktien schon wieder so weit gestiegen, dass sie sich den nächsten Urlaub davon leisten könnten.

Mein Tipp:

Vermeiden Sie die drei großen Fehler:

1. nicht informiert zu sein;
2. den Markt nicht zu beobachten;
3. kein Stopp-Loss-Limit zu setzen.

Lesenswert: eine Auswahl guter Börsenmagazine

Viele wissen viel, niemand weiß alles.

DEUTSCHES SPRICHWORT

Der Markt ist groß, das Spektrum breit: Fast monatlich findet sich ein neues Börsenmagazin am Zeitschriftenkiosk und die Auswahl fällt nicht leicht. Um Ihnen die Entscheidung für oder gegen eine Finanzzeitung ein wenig zu vereinfachen, habe ich die für mich wichtigsten aufgelistet und das Wesentliche kurz skizziert.

- Das Wochenmagazin *Börse online* aus dem Verlagshaus Gruner & Jahr ist das führende Blatt in der Bankenwelt. Es eignet sich mit seinen Tipps und Empfehlungen hervorragend für den langfristigen und konservativen Anleger. Beleuchtet werden neben deutschen Standardtiteln aber auch Neuer-Markt- und Hightechwerte, Auslandsaktien und deutsche Nebenwerte ebenso wie Optionsscheine oder Neuemissionen. Das Magazin zeichnet sich durch zahlreiche Charts aus, bietet Unternehmensanalysen und Hintergrundinformationen sowie Musterdepots sowohl für den vorsichtigen als auch für den spekulativen Anleger. Im Internet präsentiert sich das Magazin unter www.boerse-online.de. Auf der Internetseite finden Sie übrigens auch einen Aktien- und einen Fonds-Analyser, den Spekulationssteuerrechner oder einen Psychotrainer, der Ihr Risikopotenzial testet.

- *Der Aktionär* erscheint donnerstags und ist meiner Meinung nach das beste Anlegermagazin auf dem Markt. Herausgeber ist die Börsenmedien AG, die Auflage beläuft sich auf 155 000 Exemplare. Das Magazin konzentriert sich hauptsächlich auf ganz konkrete Anlageempfehlungen und beleuchtet Hintergründe zu Unternehmenswerten in knapper, übersichtlicher Form. Das Herzstück des *Aktionärs* bildet der »Chart-Check«, der in vorhergehenden Ausgaben ausgesprochene Aktienempfehlungen kontinuierlich weiterverfolgt und auch eindeutige Bewertungen – wie *verkaufen, halten, nachkaufen, unbedingt kaufen* – liefert. Neben mehreren Musterdepots und wechselnden Rubriken finden sich auch zahlreiche Buchbesprechungen und -empfehlungen.
- *Euro am Sonntag* ist, wie der Name es schon vermuten lässt, eine interessante und unterhaltsame Sonntagslektüre, die für jeden Börsianer, egal ob konservativ oder spekulativ, zum Pflichtprogramm gehören sollte. Sie finden darin nicht nur klare Empfehlungen aus dem Neuen Markt, sondern auch zahlreiche Ratschläge für konservative Marktteilnehmer, Musterdepots und Anlagestrategien. Außerdem werden Unternehmen vorgestellt und

die Strategien des jeweiligen Managements beleuchtet.

- *Aktien Research* ist ein wöchentlich erscheinendes Börsenmagazin, das noch nicht sehr lange auf dem Markt ist, sich aber gut etabliert hat. Der Axel Springer Verlag, Hamburg, gibt damit ein sehr lesenswertes Geldanlage-Magazin heraus, das Aktieneinschätzungen, Länder- und Branchenanalysen der weltweit führenden Banken und Investmenthäuser präsentiert und auswertet. Beurteilt wird in den Kategorien Internationale Aktien, Neuer Markt und Neuemissionen, Deutsche und Europäische Aktien, Branchen und Länder. Damit bietet dieses Magazin nicht nur Profianalysen für Privatanleger, auch der versierte Börsianer findet wichtige Termine, Hintergründe, Interviews, Ratings und Pressestimmen. Die ebenfalls gut gestaltete Website finden Sie unter www.aktienresearch.de.
- *Focus-Money* ist ein breit gefächertes Finanzmagazin aus dem Burda Verlag, das das breite Spektrum möglicher Anlagen abdeckt: Vom konservativen bis hin zum spekulativen Aktienkauf, von der kurz- über die mittel- bis hin zur langfristigen Anlage ist der Börsianer mit diesem Magazin gut beraten. Sie finden hier nicht nur Neues aus Politik und Wirtschaft, sondern auch Termine, Unternehmensporträts und zahlreiche Tipps rund um das Geld – von Telefontarifen über Steuersparmodelle bis zur Baufinanzierung. Auch die Internetseite www.focus-money.de lohnt einen Besuch.
- Die *Telebörse* zählt ebenfalls zu den empfehlens-

werten deutschen Börsenmagazinen, die ein breites Themengebiet auffächern. Von Börsenberichten über Unternehmensanalysen bis zu allgemeinen Informationen über Finanzen und Versicherungen finden Sie hier umfassende Ratschläge für die professionelle Geldanlage.

Es ist unmöglich, an dieser Stelle alle Magazine und Zeitschriften aufzuzählen, die auf dem Markt kursieren. Ich habe Ihnen hier nur die Wichtigsten vorgestellt, die ich selbst wöchentlich lese – und ich möchte keines davon missen. Alle hier genannten Magazine finden Sie übrigens auch in Österreich und der Schweiz am Zeitschriftenkiosk.

Wie lese ich den Börsenteil einer Zeitung?

In einer Zeitung schreiben heißt,
die Menschen vor sich sehen,
die sie lesen sollen.

Walther Victor

Seitenlange Tabellen, Ziffern und Buchstaben – der Kursteil in Tages- und Finanzzeitungen wirkt auf den ersten Blick sehr unübersichtlich und verwirrend, und besonders Börsenneueinsteiger dürften ihm mit einer gewissen Skepsis gegenüberstehen. Wenn man jedoch einige Grundregeln beherrscht, ist es nicht allzu schwierig, die Zahlenreihen zu interpretieren. Bevor wir uns aber den Börsennachrichten intensiver widmen, zunächst einmal ein Überblick über die gängigsten deutschsprachigen Wirtschafts- und Tageszeitungen:

Die mit Sicherheit umfangreichste tägliche Berichterstattung mit etwa 60 Seiten News aus dem Finanz- und Wirtschaftssektor liefert das *Handelsblatt,* das neben ausführlichen Wirtschaftsnachrichten und Unternehmensanalysen eine detaillierte Rubrik zum Thema Börse bietet. Sehr gut etabliert hat sich innerhalb kürzester Zeit auch die bereits erwähnte lachsfarbene *Financial Times Deutschland,* die von Gruner & Jahr herausgegeben wird. Auch sie gewährt täglich profunde Börseneinblicke. Daneben wären noch die *Frankfurter Allgemeine Zeitung, Die Welt* sowie die *Süddeutsche Zeitung* zu nennen, die ebenfalls einen umfassenden Redaktionsteil zu Wirtschaft, Börse und Finanzen integrieren. Auch die Wochenzeitung *Die Zeit* offeriert seit einigen Monaten eine eigene Rubrik »Wirtschaft«.

Der Aufbau der einzelnen Ressorts gestaltet sich in den führenden Wirtschafts- und Tageszeitungen ähnlich. In den – in allen Zeitungen ähnlich – betitelten Rubriken »Wirtschaft«, »Finanzen«, »Unternehmen« oder »Märkte« finden Sie redaktionelle Beiträge zu einzelnen Wirtschaftssektoren, Firmen, Anlagemöglichkeiten oder politische Entwicklungen, die mit dem Finanzleben in Zusammenhang stehen. Welche Nachrichten für Sie persönlich von Interesse sind, sollten Sie selbst entscheiden. Ich muss gestehen, dass auch ich zahlreiche Beiträge überblättere und oft nur die Überschriften überfliege. Es weckt nicht unbedingt meine Aufmerksamkeit, wenn ich lese, welche Wirtschaftssysteme oder Währungen irgendwo auf dieser Welt verhandelt werden; mich interessiert lediglich, ob eine Aktie steigt oder fällt, deshalb ist für mich einzig und allein die Beurteilung eines Einzelwertes von entscheidender Bedeutung.

In den Börsenseiten der großen Tages- und Wirtschaftszeitungen eingebettet ist oben erwähnter Kursteil, der en detail alle weltweit gehandelten Werte umfassend darstellt. Dazu zählen zunächst einmal die Dax-Werte, die Nemax-Werte, dann aber auch Wechselkurse, Indizes, Tagesgewinner und -verlierer der einzelnen Börsensegmente, die europäischen Werte und Indizes sowie die amerikanischen, asiatischen, australischen und afrikanischen Werte. Wenn Sie also einen Wert suchen, sollten Sie wissen, in welchem Marktsegment dieser gehandelt wird. Da Sie vermutlich nicht in allen Märkten weltweit investieren, können Sie einen erheblichen Anteil der Tabellen schon aussortieren und beiseite legen. Konzentrieren Sie sich auf die Aufstellungen, in denen die Werte, an denen Sie interessiert sind, oder die Sie bereits besitzen, aufgeführt sind.

Ich muss an dieser Stelle allerdings einschränkend anmerken, dass ich persönlich nur sehr selten die Kurslisten studiere, da der Börsenteil in Tageszeitungen niemals aktuell sein kann; es sind immer die Kurse vom Vortag, die Sie hier begutachten werden. Aus diesem Grund sind Medien wie Videotext oder das Internet unverzichtbares Handwerkszeug für mich, denn nur hier erhält man die Kurse mit der notwendigen Aktualität. Eine unersätzliche Hilfe stellt der Kursteil in Tageszeitungen dann dar, wenn Sie die Entwicklung einzelner Aktien in Ruhe miteinander vergleichen möchten und gerne alles auf einen Blick vor sich haben.

Nehmen wir als Beispiel die Werte des Deutschen Aktien Index. Alle in diesem Börsensegment gehandelten Aktien finden Sie in einer eigenen Rubrik, alphabetisch geordnet, untereinander aufgelistet. Meist werden sowohl der Name des Wertpapiers als auch die Wertpapierkennnummer in gesonderten Spalten angegeben, sodass es leicht fällt, das gesuchte Papier eindeutig zu identifizieren. Die dazugehörige Zeile rechts davon enthält Kennzahlen, die eine genaue Analyse der zu begutachtenden Aktie möglich machen.

Aus einer der nächstliegenden Spalten lässt sich der Schlusskurs des vergangenen Handelstages, daneben, zum Vergleich, der Schlusskurs des vorletzten Tages ermitteln. Zusätzlich ist die Kursentwicklung zum Vortag in Prozenten, entweder mit einem Plus- oder Minuszeichen versehen, angegeben. Anhand dieser Zahlen lässt sich also die kurzfristige Performance problemlos nachvollziehen.

Dann folgen zwei weitere Spalten, in denen jeweils das Jahreshoch und das Jahrestief dargestellt sind, sodass Anleger auch die längerfristige Entwicklung ihres Papiers begutachten können. Auch hier ist in der Regel die prozentuale Umsatzveränderung über das Jahr aufgeführt. Eine zusätzliche Spalte informiert über die Dividende, die entweder zuletzt je Aktie gezahlt wurde oder, auf Basis von Schätzungen, erwartet werden darf.

Bei den DAX-100-Werten finden sich zum Teil zusätzliche Informationen. So werden zum Beispiel im *Handelsblatt,* in der *Financial Times Deutschland* und in der *Süddeutschen Zeitung* in einer gesonderten Spalte der Eröffnungs-, der Höchst-, der Tiefstsowie der Kassakurs innerhalb des abgelaufenen Tages angeführt, sodass man die Kursentwicklung auch über Stunden sehr gut nachvollziehen kann. Eine weitere Spalte informiert über die Stückzahl der gehandelten Aktien im Vergleich zur Gesamtzahl der im DAX gehandelten Einzelaktien des jeweiligen Tages. Das *Handelsblatt* und die *Financial Times Deutschland* listen zusätzlich die Marktkapitalisierung der einzelnen Unternehmen in einer eigenen Spalte auf; diese errechnet sich aus der Aktienzahl, multipliziert mit dem aktuellen Kurs. Die so errechnete Größe gibt an, mit welchem Kaufpreis das Unternehmen bewertet wird.

Unter der Rubrik KGV finden Sie – geschätzt – das zu erwartende Kursgewinnverhältnis für das laufende und kommende Geschäftsjahr. Es vergleicht den Kurs einer Aktie mit dem bereinigten Unternehmensgewinn, sodass der Anleger feststellen kann, ob der Kurs angemessen bewertet ist. Das KGV errechnet sich aus dem aktuellen Kurs, dividiert durch das Ergebnis je Aktie, und ist eines der gebräuchlichsten Instrumente bei der Beurteilung von Wertpapieren. Anhand dieser Kennzahl ist es möglich, Aktien mit unterschiedlichen Kursen untereinander zu vergleichen. Wertpapiere, die ein geringeres Kurs-Gewinn-Verhältnis als der Durchschnitt des gesamten Aktienmarktes aufweisen, werden als preiswert eingestuft.

Sollten Sie noch tiefer in die Wertpapieranalyse einsteigen wollen, bieten Ihnen weitere Informationen zum prozentualen Anteil des Aktientitels am jeweiligen Aktienindex, der Anteil der Aktien im Streubesitz oder Kennzahlen zum Ergebnis der einzelnen Aktie die Möglichkeit dazu. Letztere sind aber weniger für den Einsteiger, als vielmehr für versierte Spezialisten von Interesse; der Vollständigkeit halber möchte ich sie dennoch erwähnen.

In der *Süddeutschen Zeitung* entdecken Sie hinter dem Namen des Wertpapiers zusätzliche Kürzel in Klammern, die über den Börsenplatz und das Marktsegment informieren. Dabei steht B für Berlin, Br für Bremen, D für Düsseldorf, F für Frankfurt, H für Hamburg, Hn für Hannover, M für München und S für Stuttgart. In der Klammer ist zudem das Marktsegment aufgeführt, in dem die Aktie gehandelt wird. Hier repräsentiert a den amtlichen Handel, f den Freiverkehr, g den geregelten Markt, i den IPO-Markt Berlin, n den Neuen Markt, p den Prädikatsmarkt, s den Smax und su den Start-up-Market.

Ohne Zweifel ist die detaillierte Aktienanalyse ein zum Teil recht kompliziertes und umfassendes Unterfangen. Lassen Sie sich aber von den zahlreichen Tabellen und Zahlen nicht abschrecken. Wenn Sie sich einmal die Zeit nehmen, und sich intensiv dem Kursteil einer Zeitung widmen, werden Sie das Prinzip schnell durchschauen und auf viele Einzelheiten achten. Es mag durchaus spannend sein, zu sehen, welche Stückzahlen täglich an den Märkten gehandelt werden und aufgrund dieser Größenordnungen ein Gefühl für die Faktoren zu entwickeln, die steigende oder sinkende Kurse verursachen.

Mein Tipp:

- Lassen Sie sich von Zahlenreihen und Tabellen im Kursteil der Wirtschaftszeitungen nicht entmutigen. Sie sind einfacher zu durchschauen, als man glaubt.

Nutzen Sie Anlegermessen

Denn eine große Reise zu tun, ist für einen jungen Mann äußerst nützlich.

Johann Wolfgang von Goethe

In Deutschland gibt es zwei große Anlegermessen, die ich Ihnen nur empfehlen kann: die Internationale Anleger Messe (IAM) in Düsseldorf und die Invest in Stuttgart. Auf diesen Messen sind die großen Fondsmanager, Anlageberater und Aufsichtsräte aus Aktiengesellschaften vertreten. Nutzen Sie die Möglichkeit, hier Informationen aus erster Hand zu erhalten, mit anderen Anlegern zu kommunizieren und auch den einen oder anderen Vorstand einer Aktiengesellschaft persönlich kennen zu lernen.

Im Dezember 1998 traf ich auf der IAM in Düsseldorf Heiner Kamps, den Besitzer der größten Bäckereikette der Welt. Heiner Kamps hatte an seinem Stand zahlreiche Zuhörer versammelt und berichtete über seine Unternehmensstrategie der nächsten Monate. Ich war beeindruckt von seiner Offenheit und von der Art und Weise, wie er mit potenziellen Investoren umging und wie viel Zeit er sich für sie nahm. Sachlich und professionell berichtete er von den Zukunftsplänen, die er mit seiner Aktiengesellschaft schmiedete und informierte über geplante Akquisitionen.

Die Kamps-Aktie notierte damals bei 60 Mark, und da ich von den Plänen dieses Unternehmers überzeugt war, kaufte ich das Wertpapier. All das, was Heiner Kamps auf der IAM versprochen hatte, traf in den folgenden Monaten ein und wurde im Februar, April und Juni 1999 in Ad-hoc-Meldungen veröffentlicht. Alle prognostizierten Akquisitionen fanden tatsächlich statt, und im Juni stand die Kamps-Aktie bei 200 Mark. Ich konnte – dank meines Besuchs auf der IAM und dank der Vorinformationen, die ich dort erhalten hatte – innerhalb von sechs Monaten von 300 Prozent Kursgewinn profitieren.

Auf der Invest 2000 in Stuttgart war ich selbst mit einem Stand vertreten. Ein Kamerateam des ZDF drehte dort eine Story über einen meinen Hörer, der mit meiner Börsen-Hotline Millionär geworden war. Der junge Mann, er heißt Mohammed, ist Zivildienstleistender und 20 Jahre alt. Er hatte dank der Empfehlungen auf meiner Hotline innerhalb von vier Monaten aus 200 000 Mark Startkapital 1,8 Millionen erzielt – das entspricht dem enormen Gewinn von 900 Prozent.

Die Redakteurin des Filmteams wollte diese Geschichte anfangs nicht glauben. Sie fragte mich mit ironischem Unterton, wie es denn möglich sein könne, innerhalb so kurzer Zeit so viel Geld zu verdienen. Sie wollte die Probe aufs Exempel machen und bat mich um einen Aktientipp. Ich empfahl ihr Aktien des Unternehmens Kretztechnik und sie wollte den Wert am darauf folgenden Wochentag kaufen.

In zwei Monaten, so ihre Aussage, würde die Sendung im ZDF ausgestrahlt, und dann wolle sie am Stand der Aktie messen, ob tatsächlich alles mit rechten Dingen zugehe. Zwei Monate später, kurz vor Ausstrahlung der Sendung, rief sie mich an: »Herr Frick, die Aktie, die sie mir damals empfohlen haben, ist mittlerweile um 200 Prozent gestiegen«, sagte sie staunend. »Das kann doch nicht wahr sein!« Die Reaktion dieser jungen Frau ist sicherlich typisch für all diejenigen, die noch nie in Wertpapiere investiert haben. Wenn auch Sie zu denen gehören, die jetzt noch zögern, kann ich Ihnen versichern: Es ist wahr. Sie müssen es nur selbst ausprobieren.

Erlauben Sie mir zu dieser kleinen Geschichte noch eine Nebenbemerkung. Der – sicherlich etwas provokante – Untertitel meines Buches, »Der Mann, der Millionäre macht«, beruht, dank meiner Hotline, auf Tatsachen: Zahlreiche Menschen wurden aufgrund meiner Tipps inzwischen zum Millionär, Muhammed ist einer von ihnen. Auf meiner Hotline bespreche ich täglich ein etwa zehn Minuten langes Band, von dem Sie meine Anlageempfehlungen und meine aktuelle Markteinschätzung abhören können. Ich benenne ganz klar die Aktien, in die ich selbst investieren würde und verrate meine Anlagestrategie. Für all diejenigen, die nicht genau wissen, wie eine Börsenhotline funktioniert, habe ich vor kurzem eine Einsteigerhotline zum Börsengeschehen freigeschaltet, auf der Sie zu einem besonders günstigen Tarif erfahren, wie meine Börsenhotline genau funktioniert und welche Ratschläge und Tipps ich dort für Sie bereit halte.

Übrigens hatte die junge Redakteurin die Aktie, die ich ihr empfohlen hatte, damals nicht gekauft. Sie war nicht bereit gewesen, das Risiko einzugehen und konnte deshalb die Gewinne auch nicht realisieren. Wenn Sie Geld verdienen möchten, sollten Sie tatsächlich an der Börse dabei sein.

Mein Tipp:

- Nutzen Sie die Chance, sich auf den großen Anlegermessen in Deutschland zu informieren. Sie erhalten dort Informationen aus erster Hand, die bares Geld wert sein können.

Die Sprache der Analysten

Der Geist einer Sprache offenbart sich am deutlichsten in ihren unübersetzbaren Worten.

MARIE VON EBNER-ESCHENBACH

In Deutschland und den USA gibt es zahlreiche Analysten, Börsenprofis, Banken und namhafte Geldinstitute, die Aktien bewerten und Empfehlungen aussprechen, an denen Sie sich orientieren können. Die einzelnen Wertpapiere werden mit Begriffen wie »accumulate«, »outperformer« oder »marketperformer« beurteilt. An dieser Stelle soll Ihnen ein kleines Analysten-ABC helfen, die Bewertungen richtig einschätzen zu können.

Auf Analystenempfehlungen der amerikanischen Investmentbank Merrill Lynch werden Sie öfter treffen. Merrill Lynch teilt Wertpapiere in die fünf Kategorien »buy«, »accumulate«, »neutral«, »reduce« und »sell« ein.

- Die Referenz **buy** ist eine klare Kaufempfehlung. Das Bankhaus spricht diese aus, wenn es der Meinung ist, dass in dieser Aktie noch genügend

Wachstumspotenzial für überraschende Gewinne vorhanden ist.

- **Accumulate** liegt eine Stufe darunter, aber auch hier wird eine Kaufempfehlung ausgesprochen, weil man Kurssteigerungen erwarten darf.
- **Neutral** bedeutet, dass das Wertpapier einen angemessenen Kurs erreicht hat und man dem Papier keine großen Kurssprünge mehr zutraut – für viele ist diese Note schon das Signal, eine Aktie aus dem Depot zu nehmen.
- **Reduce** ist dagegen der eindeutige Hinweis, diese Aktie im Depot zurückzuschrauben.
- Der Rat **sell**, also verkaufen, gilt als klarer Hinweis, das Wertpapier aus dem Depot zu nehmen, weil entweder ein Höchststand erreicht zu sein scheint oder negative Nachrichten aus dem Unternehmen zu erwarten sind.

Deutsche Bankinstitute und Analysten vergeben andere Noten, die leichter verständlich sind: **Kaufen, halten** und **verkaufen** sind relativ klare Bewertungen, die Börsenprofis gegenüber einzelnen Wertpapieren abgeben.

Allerdings werden Sie als fleißiger Leser der einzelnen Börsenmagazine oder als Hörer verschiedener Hotlines schnell merken, dass Analystenempfehlungen nicht immer eins zu eins übereinstimmen. Es kann durchaus sein, dass ein Analyst eine Aktie auf »kaufen« stuft, während ein anderer die Empfehlung »verkaufen« gibt. Untersuchungen belegen, dass zum Beispiel die Konsortialbanken, die den Börsengang eines Unternehmens begleiteten, oft positivere Bewertungen für eine Aktie abgeben, als es unabhängige Institute tun. Zudem lebt die Börse von unterschiedlichen Meinungen. Wenn Sie als Aktionär ein Wertpapier verkaufen möchten, weil Sie damit genügend Gewinne gemacht haben, muss es auf der anderen Seite immer auch Käufer geben, die dem Kurs dieser Aktie noch Potenzial zutrauen.

- Die Einschätzung **outperformer**, die gelegentlich in Börsenmagazinen auftaucht, gilt ebenfalls, ähnlich wie der Fingerzeig **strong buy**, als klare Kaufempfehlung. Mit dieser Einschätzung traut man der Aktie noch erhebliches Wachstumspotenzial zu und schätzt sie gegenüber Konkurrenzunternehmen als Marktführer ein.
- **Marketperformer** kann als Hinweis gelten, die Aktie, sollte man sie schon im Depot haben, ruhig dort zu belassen – gleichwertig wäre die Empfehlung **hold**, die ebenfalls in dieser Kategorie ausgesprochen wird. Im so eingeschätzten Wertpapier steckt durchaus noch ein gewisses Potenzial.
- Mit der Note **underperformer** dürfte dagegen kein Unternehmen besonders glücklich sein. Ähnlich wie **sell**, **reduce** oder **unterdurchschnittlich** weist dieses Urteil eine klare Verkaufsempfehlung aus.

Analysten und Börsenprofis, die Wertpapiere beurteilen, können durchaus einen gewissen Einfluss auf die Entwicklung einer Aktie haben. Nicht selten passiert es, dass der Kurs einbricht, wenn eine Aktie von »outperformer« auf »marketperformer« herabgestuft wird, oder, im umgekehrten Fall, in die Höhe schnellt. Es lohnt sich für Sie als Anleger also durchaus, hier Entwicklungen zu beobachten.

Übrigens finden Sie die Einschätzungen der Analysten, sofern sich diese ändern und eine Aktie hoch- oder herabgestuft wird, auch in den Ad-hoc-Meldungen auf den Internetseiten der Banken und Geldinstitute. Aber denken Sie daran: Nichts kann Ihren eigenen Informationsstand ersetzen. Nehmen Sie das ABC der Börsenprofis zur Kenntnis und beobachten Sie deren Urteile und die Reaktion des Marktes. Aber handeln Sie letztlich so, wie Sie es persönlich für richtig halten.

Mein Tipp:

- »Strong buy«, »outperformer« und »buy« sind klare Kaufempfehlungen der Analysten.

- Bei Bewertungen wie »underperformer«, »halten«, »neutral« oder »hold« sollten Sie die Entwicklung Ihrer Aktie um so aufmerksamer im Blick haben.

Mit welchem Wertpapier soll ich einsteigen?

Bevor man beginnt, bedarf es der Überlegung und, sobald man überlegt hat, rechtzeitiger Ausführung.

SALLUST

Dies ist eine schwer zu beantwortende Frage, die Sie sich – auch wenn Sie jetzt vielleicht enttäuscht sind – nur selbst beantworten können. Natürlich ist es, wie bereits erwähnt, zunächst einmal wichtig, dass Sie sich, wenn Sie noch keine Erfahrung mit Aktien haben, ein Musterdepot anlegen. In dieses Musterdepot sollten Sie verschiedene Werte – aber auf keinen Fall mehr als drei bis vier – packen und deren Entwicklung über einige Wochen aufmerksam verfolgen.

Sollten Sie Börsenneueinsteiger sein, würde ich Ihnen raten, sich anfangs tatsächlich auf eine einzige Aktie zu konzentrieren. Sie können sich nach einigen Wochen immer noch den einen oder anderen Wert hinzukaufen, wenn Sie die ersten Gewinne realisiert haben. Investieren Sie in einen Wert, der Ihnen sympathisch ist, wenn möglich, aus einer Branche, die Sie persönlich kennen oder mit der Sie sich identifizieren können. Die Telekom-Aktie konnte bei ihrem Börsengang so große Erfolge feiern, weil zahlreiche Kleinanleger zeichneten. Sicher haben sich viele gedacht »telefonieren muss jeder, und die Deutsche Telekom habe ich auch zu Hause« – eine simple Einstellung, die aber durchaus richtig war, denn der Kurs der T-Aktie ist nach ihrem IPO stetig angestiegen. Dass aber auch eine Volksaktie einbrechen kann, wenn negative Nachrichten aus dem Unternehmen kommen, war im Fall der Telekom-Aktie deutlich zu sehen.

Die Post warb bei ihrem Börsengang im Zusammenspiel mit zahlreichen Internet-Companies mit der Frage: »Und wie kommt das Produkt zu Ihnen nach Hause?« Eine berechtigte Frage, denn viele Logistik-Werte legen aufgrund der zunehmenden Mobilität in unserem Land, der Globalisierung, steigendem Export und der Lieferung bis in die Wohnzimmer im Augenblick ebenfalls überproportional zu. Und die gelbe Post kennt ebenfalls jeder ganz persönlich.

Haben Sie bitte Verständnis dafür, dass ich Ihnen in diesem Buch keine konkrete Kaufempfehlung aussprechen kann. Ich weiß nicht, wann Sie dieses Buch lesen, ob es ein halbes Jahr, ein Jahr oder vielleicht erst zwei Jahre nach Erscheinen sein wird. Die Lage am Aktienmarkt wandelt sich ständig – es wird immer wieder Modebranchen geben, die im Augenblick »in« sind und deren Wertpapiere große Kurssprünge nach oben machen. Welche Branche dies in naher Zukunft sein wird, lässt sich nur schwer prognostizieren.

Wenn Sie also überlegen, mit welchem Wertpapier

Sie in den Aktienmarkt einsteigen, kann ich nur vage Empfehlungen aussprechen. Finden Sie zunächst heraus, welche Branche im Augenblick »in« ist und noch Wachstumspotenzial erwarten lässt. Mobilfunkfirmen, Internet, Gentechnologie und der gesamte Bereich der Informations- und Kommunikationstechnologie sowie alle Zulieferbetriebe wie Halbleiter- oder Chiphersteller halten sicher in den nächsten Jahren noch einige Überraschungen bereit. Unternehmen, die in diesen Branchen tätig sind, sind meist im Neuen Markt oder an der amerikanischen NASDAQ gelistet. Wenn Sie sich für eine Branche entschieden haben, informieren Sie sich, welches Unternehmen Marktführer ist oder ob es eine kleine Firma gibt, die mit einer neuen Entwicklung ihren Börsengang plant. Es kann durchaus sinnvoll sein, auf den Marktführer zu setzen, wenn dessen Prognosen und Zahlen von den Analysten positiv bewertet werden. Ein Beispiel für stetes Wachstum war in den letzten Jahren Cisco, eine Internet-Company, die von einem Professorenehepaar gegründet wurde und 1990 an die Börse ging. Cisco ist gleichbedeutend mit Internet – der Unternehmenswert hat sich seit dem Börsengang vertausendfacht. Im März 2000 machte Cisco mit einer Marktkapitalisierung von 555 Milliarden US-Dollar sogar Microsoft als teuerstes Unternehmen der Welt den ersten Platz streitig.[6]

Schwieriger gestalten sich die Prognosen im Bereich Biotechnologie. Dies ist eine Branche, in die große Hoffnungen gesetzt werden. Sollte es einem der zahlreichen Unternehmen gelingen, ein Medikament gegen Krebs oder Aids zu entwickeln, dürfte der Aktienkurs kaum zu stoppen sein. Allerdings kann keiner vorhersagen, welche dieser Firmen es sein wird. Das für die Forschung benötigte Kapital ist immens, die für die Entwicklung benötigte Zeit kaum abzuschätzen. Auch hier kann ich Ihnen nur raten, sich gründlich zu informieren, die Meinung von Fachleuten einzuholen und Ihre Entscheidung auf dieser Grundlage dann selbst zu treffen.

Aktuelle Börsenmagazine, Hotlines und Faxabrufe sowie die Empfehlungen von Analysten sollten für Sie immer Wegweiser sein. Wie schnell Sie dann welchen Weg einschlagen, obliegt Ihrer persönlichen Entscheidung. Ich kann Ihnen nur raten: Laufen Sie los. Sie werden, wenn Sie alle Regeln beachten, erfolgreich sein. Die Höhe Ihres Gewinns bleibt eine Überraschung.

Mein Tipp:

- Setzen Sie bei Ihrer ersten Aktie auf eine Branche, die Ihnen vertraut ist.
- Setzen Sie auf Marktführer.

Soll man Verlustaktien halten?

Ein kleiner Verlust erschreckt,
ein großer zähmt.

SPRICHWORT AUS SPANIEN

Immer wieder zögern Neueinsteiger, die Aktien, mit denen Sie Verluste hinnehmen mussten, zu verkaufen. Sie führen in der Regel drei verräterische Argumente an:

1. »Mit dieser Aktie habe ich Verlust gemacht, sie notiert unter dem Einstandskurs und ich kann sie doch jetzt nicht verkaufen.« Ich frage Sie: Warum sollten schlechte Aktien haltenswert sein?
2. »Solange ich die Aktie nicht verkaufe, habe ich keinen realen Verlust.« Ich argumentiere: Fragen Sie einen Buchhalter: Auch Buchverluste sind reale Verluste.
3. »Ein Verlust ist immer nur vorübergehend. Man muss in Zeiten der Baisse die Nerven behalten, es kommen wieder bessere Börsenphasen.« Ich frage Sie: Warum muss man sich unbedingt an schwachen Aktien festbeißen? Sie müssen während einer Baisse keine schwachen Aktien halten. Sie

können Ihr Geld währenddessen auch in Festgeld anlegen und sich in Geduld üben, um zu warten, bis wieder bessere Zeiten kommen.

In schlechten Börsenphasen sind Verluste so gut wie unvermeidlich. Dies sollte jedem Anleger, der in den letzten Jahren das heftige Auf und Ab an den Märkten mitgemacht hat, bewusst sein. Gerade bei Engagements am Neuen Markt und der NASDAQ schwanken Kurse äußerst stark, und wenn ein Wert einmal um 1000 Prozent steigt, dürfte es auch klar sein, dass er wieder um 30 bis 40 Prozent fallen kann. Deshalb sollten Stopp-Loss-Limits gesetzt werden. Getreu dem Motto: »Verluste begrenzen, Gewinne laufen lassen« sollten Sie sich auch nicht so schnell von den Gewinnern trennen. Setzen Sie Ihre Stopp-Loss-Kurse und lassen Sie die Gewinner laufen.

Von den Verlierern sollten Sie sich dagegen so schnell wie möglich trennen, auch wenn es schwer fällt. Solange Sie Ihre Verlustaktien nicht verkaufen, sind negative Zahlen zwar scheinbar nur auf dem Papier vorhanden. Real werden sie erst dann, wenn Sie tatsächlich verkaufen und am Ende vielleicht nur noch die Hälfte der Summe herausbekommen, die Sie am Anfang investierten. Verkaufen Sie trotzdem. Denn das Geld, das Sie herausbekommen, können Sie in eine andere Aktie investieren, die schneller steigt, weil dieses Unternehmen vielleicht besser wirtschaftet. Auch wenn Sie einmal 40 bis 50 Prozent Verlust erlitten haben: Ziehen Sie Ihr Kapital aus dieser Aktie zurück und investieren Sie neu. Wenn Sie stets krankhaft an den Verlustaktien festhalten, haben Sie irgendwann nur noch die Nieten im Depot. Einige wirkliche Erfolgsstorys, die wir in den vergangenen Jahren an der NASDAQ und im Neuen Markt beobachten konnten, wie Intershop, Aixtron, Qiagen, D-Logistics, Nokia, Oracle, Yahoo!, Sun, Microsystems oder CMGI sind Beispiele für Aktien, die mehr als 1 000 Prozent zugelegt haben. Es gibt noch weitere, aber bleiben wir bei diesen Beispielen: Hier konnten Sie 1 000 Prozent, zum Teil sogar steuerfrei, realisieren. Warum sollte man solche Werte vorher verkaufen? Hier ist es sinnvoll, Gewinne – natürlich mit angepasstem Stopp-Loss – weiterlaufen zu lassen.

Sicher ist das reale Platzieren eines Stopp-Loss am Neuen Markt oft nicht einfach. Viele junge Aktien werden nur in einem geringen Volumen gehandelt, das heißt, es ist nur eine kleine Anzahl dieser Aktien im Umlauf. Ein durch ein eingegebenes Limit ausgelöster Verkauf kann dann schon zu erheblichen Kursschwankungen führen. Besser ist es, in einem solchen Fall individuelle Verkaufslimits zu setzen, das heißt den Kurs, zu dem verkauft werden soll, nicht nur stur bei der Bank einzugeben, sondern ihn im Kopf zu behalten und die Kursentwicklung der einzelnen Aktien täglich zu verfolgen. Bleibt der Schlusskurs einer Aktie unter der individuell gesetzten Stopp-Loss-Marke, sollte man am nächsten Tag verkaufen.

Übrigens wird mit dem gesetzten Verkaufslimit auch eine der häufigsten Fragen von Anlegern nach dem richtigen Zeitpunkt zum Ausstieg beantwortet: Der optimale Zeitpunkt zum Verkauf eines Wertpapiers und zur Mitnahme der Gewinne ist dann gekommen, wenn der Stopp-Loss durch fallende Kurse ausgelöst wird. Natürlich kann man auch mit dieser Strategie einmal Pech haben, der Kurs kann sich wieder erholen und weiter steigen. Meist wird man jedoch vor weiteren Verlusten verschont, und dies ist schließlich der Sinn eines Stopp-Loss-Limits.

Mein Tipp:

- Trennen Sie sich so bald wie möglich von Aktien, mit denen Sie Verluste machen.
- Lassen Sie Gewinner laufen – selbstverständlich mit angepasstem Stopp-Loss.

Die Macht der Zinsen

An der Börse ist alles möglich,
auch das Gegenteil.

André Kostolany

Aktien fallen, wenn Zinsen steigen, Aktien steigen, wenn Zinsen fallen. Die Gründe hierfür liegen in wirtschaftlichen Prinzipien: Steigende Aktien weisen auf eine Kapitalverknappung hin. Geld wird benötigt, weil Konsumenten Waren oder Dienstleistungen stärker nachfragen. Wenn aber Geld in der Wirtschaft gebraucht wird, kann weniger gespart oder angelegt werden, es sei denn, die Kapitalmenge würde vermehrt. Dem wirken aber die Zentralbanken entgegen. Sie schieben dem Kursverfall der jeweiligen Währung einen Riegel vor, um Inflationsgefahren gar nicht erst aufkommen zu lassen. Wenn den Konsumenten dann weniger Geld für die Aktienanlage zur Verfügung steht und Verkaufswillige ihre Aktien verkaufen, steigt das Angebot am Markt, und die Nachfrage sinkt.

Ein vereinfachtes Beispiel: Wenn auf der einen Seite zehn Leute stehen, die jeweils 100 Aktien halten und gerne verkaufen würden, auf der anderen Seite aber nur acht Leute stehen, die diese 100 Aktien kaufen möchten, sinkt der Kurs, denn die Nachfrage ist geringer als das Angebot. Umgekehrt verhält es sich ebenso: Wenn zehn Leute gerne kaufen würden, aber nur acht verkaufen, steigt der Kurs der Aktie. Der Makler sucht mehr Menschen, die bereit sind, ihre Aktien zu verkaufen und setzt deshalb den Kurs höher an. Er bietet die Aktien zu einem höheren Preis den Käufern an, die bereit sind, auch mehr Geld dafür zu bezahlen.

Sinkende Zinsen weisen auf schwache Kapitalnachfrage und auf den Sparwillen der Konsumenten hin. Es fließt weniger Kapital in Konsumgüter, für festverzinsliche Wertpapiere und Sparbücher werden geringere Zinsen geboten, und die Aktien steigen, weil die Nachfrage nach renditestärkeren Anlageformen größer wird. Zudem werden Aktien für Anleger bei sinkenden Zinsen als Anlagemöglichkeit attraktiver, während bei steigenden Zinsen der eine oder andere Anleger das Risiko bei Aktien scheut und sein Geld in Anleihen oder festverzinslichen Wertpapieren anlegt.

Sicher scheint nur eines: Wenn der Chef der amerikanischen Notenbank, Alan Greenspan, oder der Chef der europäischen Notenbank, Wim Duisenberg, vor die Kamera treten und eine Zinserhöhung ankündigen, sackt der Aktienkurs gegebenenfalls in den Keller. Dies sollte Sie als Anleger aber nicht entmutigen. Oft ist die Zinserhöhung in den Kursen bereits vorweggenommen. Schon Wochen vorher taktieren Aktionäre aus Angst vor einer anstehenden Zinserhöhung in ihren Anlageentscheidungen so vorsichtig, dass die Kurse sich kaum nach oben bewegen. Eine Zinserhöhung gehört ebenso zu den ökonomischen Prinzipien, wie der Kauf oder Verkauf von Waren. Sie bewahrt unsere Marktwirtschaft vor Inflationsgefahren und ist eine positive Entscheidung.

Wichtig für Sie als Aktionär ist nur zu wissen, dass solche Entscheidungen den Kurs von Wertpapieren beeinflussen können. Und oft ist es so, dass sich die Kurse nach einer Zinserhöhung wieder relativ schnell erholen. Urteilen Sie also selbst, ob Sie vor einer anstehenden Zinserhöhung verkaufen oder halten. Ich persönlich habe mich bislang noch nie von anstehenden Zinserhöhungen beeindrucken lassen, denn ich achte nur auf die Entwicklung der Einzelaktie in meinem Depot. Und wenn Sie eine gute Aktie in Ihrem Portfolio haben, wird sich diese in ihrem Kursverlauf auch nicht wesentlich von einer anstehenden Zinserhöhung beeinflussen lassen. Sie wird weiter steigen.

Mein Tipp:

- Achten Sie in den Wirtschaftsnachrichten auf Anzeichen für eine Zinserhöhung und beobachten Sie die Marktentwicklung – so lernen Sie ökonomische Prinzipien kennen.
- Lassen Sie sich von anstehenden Zinserhöhungen nicht zu stark in Ihren Anlageentscheidungen beeinflussen.

Die Deutschen werden ein Volk von Aktionären

Das Geheimnis des erfolgreichen Börsengeschäfts
liegt darin, zu erkennen,
was der Durchschnittsbürger glaubt,
das der Durchschnittsbürger tut.

John Maynard Keynes

Aktionäre der Deutschen Telekom hatten im Herbst 2000 wenig Grund zur Freude. Gerade Ron Sommer, der mit dem Börsengang der Deutschen Telekom die neue deutsche Aktienkultur so richtig in Bewegung gebracht und mitbegründet hatte, erteilte den Anlegern eine neue Lektion in Sachen Börse: Telekom-Anleger mussten lernen, dass man hier auch Geld verlieren kann.

Telekom-Aktionäre, die das Papier bei 28 Mark gekauft hatten, durften miterleben, wie die Aktie in ihren Spitzenzeiten im März 2000 auf 200 Mark stieg. Aber: Mit Spekulationen erwirtschaftetes Geld kann auch Schmerzensgeld sein. Altmeister André Kostolany wusste schon, dass an der Börse erst die Schmerzen kommen, dann das Geld. Die Deutsche-Telekom-Aktie war hierfür ein gutes Beispiel: Zunächst stieg die Aktie von 28 auf 200 Mark, das sind umgerechnet etwa 100 Euro, dann fiel sie von 100 Euro wieder zurück auf weniger als 34 Euro, das waren mehr als 60 Prozent Kursrückgang. Und diejenigen, die den Kursverlauf nicht akribisch verfolgten, mussten mehr als 60 Prozent Verlust hinnehmen. Diejenigen aber, die den Kurs verfolgten und einen Stopp-Loss gesetzt hatten, konnten bei 90 oder 85 Euro aussteigen und wenig später ganz beruhigt die doppelte Anzahl Aktien, die sie hatten, mit einem Einstandskurs von 40 Euro wieder kaufen, sofern sie vom Unternehmen Deutsche Telekom überzeugt waren.

Dass es an der Börse auch nach unten gehen kann, scheinen einige Aktionäre noch nicht begriffen zu haben. Im September las ich in einer Zeitschrift, dass ein frustrierter Telekom-Aktionär Anzeige gegen Ron Sommer wegen Betrugs erstattet hatte. Der Anleger habe sich, so seine Begründung, von den Versprechungen der Telekom regelrecht abgezockt gefühlt. Dies ist in meinen Augen purer Nonsens, denn jeder, der in Aktien investiert, muss sich darüber im Klaren sein, dass die Börse gewisse Risiken birgt.

Auch mehrere Bundestagsabgeordnete konstatierten, dass der Fall der Telekom-Aktie nicht gut für die deutsche Aktienkultur sei. Mir scheint, dass die Herren einige Grundregeln nicht begriffen haben. Die Börse ist keine Wundertüte für Ahnungslose. Sie ist ein Marktplatz für Kapitalgeber, nämlich den Aktionären, und für Kapitalnehmer, den Aktiengesellschaften. Ein Aktienkauf ist, wie der Kauf eines Fonds auch, mit Risiken verbunden.

Der Umgang mit der Telekom-Aktie zeigt ein Weiteres: Die Deutschen entwickeln sich zunehmend zu einem Volk von Aktionären. Eine Umfrage von Infratest im Auftrag des Deutschen Aktieninstituts ergab, dass die Zahl der Anleger in der deutschen Finanzszene explodiert ist. Während noch Ende 1999 rund acht Millionen Deutsche Aktien oder Aktienfonds besaßen, wurde in der ersten Hälfte des Jahres 2000 die Zehn-Millionen-Grenze überschritten. Im ersten Halbjahr 2000 haben somit mehr als zwei Millionen Bundesbürger erstmals Aktien gekauft. Dies sind mehr, als in den Jahren 1998 und 1999 zusammen.

Die Zahlen relativieren sich allerdings im internationalen Vergleich. Während die Deutschen zum Jahresende über ein Investment-Vermögen inklusive Rentenfonds von 9339 Mark pro Kopf verfügten, schaffen es die Amerikaner auf fast 50 000 Mark pro Kopf. Amerika ist also das Aktionärsvolk schlechthin. Aber auch in Europa stehen die Deutschen nur im unteren Mittelfeld. Im Schnitt verfügt jeder Franzose über fast 22 000 Mark Anlagevermögen, die Spanier rangieren mit rund 10 200 Mark pro Kopf ebenfalls noch vor den Deutschen.

Diese wenig ermunternde Bilanz sieht das US-Investmenthaus Morgan Stanley als Chance: Aufgrund des deutschen Nachholbedarfs soll ein geschätztes Investitionsvolumen von 150 Milliarden US-Dollar den Kursen in den nächsten Jahren neuen Schub geben. Den Börsianern stehen goldene Zeiten bevor. Denn wenn neues Kapital an den Markt geht, steigt die Nachfrage und damit auch die Kurse.

Eine ähnliche Börsenbegeisterung wie in Deutschland lässt sich übrigens auch in unseren Nachbarländern, in Österreich und der Schweiz, beobachten. In Österreich drängen zunehmend mehr Unternehmen an den Neuen Markt, und erste Fonds werden aufgelegt. Auch in der Schweiz finden sich täglich mehr Anleger, die ihr Kapital erstmals in Wertpapiere investieren.

An vorgenannten Zahlen und Beispielen sollten Sie erkennen, wie wichtig es ist, an der Börse dabei zu sein. Wenn Sie heute noch nicht dazugehören, werden Sie spätestens nach dem Lesen dieses Buches dabei sein. Denn Sie werden ganz genau wissen, dass man an der Börse erfolgreich sein kann, Sie haben gelernt, worauf es ankommt und welche Regeln zu beachten sind, und Sie werden erkennen, dass Sie immer noch vor der Masse einsteigen können. Sie werden auch noch nicht der Letzte sein, der an der Börse investiert, denn die Menschen im deutschsprachigen Europa haben noch einen gewaltigen Nachholbedarf.

Mit Borussia Dortmund ging im Oktober 2000 der erste deutsche Fußballclub an die Börse. Weitere werden folgen. Stellen Sie sich vor, was geschieht, wenn alle Fußballfans Deutschlands Ihren Club unterstützen und zu Aktionären werden. Millionen von Menschen werden abends vor dem Fernseher sitzen und die Aktienkurse ihres Vereins verfolgen. Ich wage kaum zu schätzen, wie viel Kapital, das investiert werden will, in Deutschland noch vorhanden ist.

Unsere Rente wird immer unsicherer. Da die gesetzliche Rentenversicherung, deren System seit 1957 besteht und heute überholt ist, keine Rücklagen gebildet hat, wird das Geld, das von den angestellten Arbeitnehmerinnen und Arbeitnehmern in die Alterskasse eingezahlt wird, in gleicher Höhe sofort wieder an die pensionierten Mitbürgerinnen und Mitbürger verteilt. Eine steigende Lebenserwartung und sinkende Geburtenraten kündigen seit Jahren an, dass es immer mehr ältere Menschen im Rentenalter geben wird und immer weniger junge Angestellte, die mit ihren Beiträgen die Pensionen finanzieren.

Im Jahr 2030, so die Schätzungen, wird ein Arbeitnehmer einen Rentner finanzieren müssen. Mittlerweile wurde dieses Problem erkannt, über die Rentenreform wird heftig diskutiert, und die Politiker empfehlen ihren Mitbürgern, selbst die Initiative zu ergreifen und privat Vorsorge zu treffen.

Die Deutschen werden ihr Geld anlegen müssen, um später versorgt zu sein. Sei es eine Lebensversicherung, die übrigens zu einem Teil ebenfalls in Aktien investiert wird, ein Fondssparplan oder die direkte Anlage in Aktien: Wer heute mit dem regelmäßigen Sparen beginnt, kann in einigen Jahren Millionär und damit alle finanziellen Sorgen los sein. Wenn Sie heute zum Beispiel monatlich 150 Euro in einen Fonds einzahlen, der Ihnen Ihre Ersparnisse mit durchschnittlich nur 12,8 Prozent pro Jahr verzinst, bekommen Sie in 30 Jahren mehr als eine Million ausbezahlt.

Es wird bei der Altersvorsorge keinen Weg geben, der an der Aktie vorbeiführt. Denn über einen längeren Zeitraum betrachtet haben Aktien, das ist unbestritten, die beste Wertentwicklung überhaupt. Und je mehr Menschen in den nächsten Jahren am Aktienmarkt einsteigen, desto höher steigen die Kurse. Sorgen Sie dafür, dass Sie dabei sind. Noch ist es nur ein kleiner Zirkel, der investiert – steigen Sie deshalb ein, bevor es die große Masse tut.

Ob im gleichen Maß, wie die Zahl der neuen Aktionäre in Deutschland steigt, auch das Wissen um das Funktionieren der Märkte wächst, ist in meinen Augen eher fraglich. Deshalb ist es für Sie wichtig, dass Sie sich mit den Abläufen des Wertpapierhandels vertraut machen und sich in diesem Buch auch mit den eher theoretischen Kapiteln beschäftigen.

Mein Tipp:

- Die Deutschen werden ein Volk von Aktionären. Sorgen Sie dafür, dass Sie dabei sind.
- Die Börse ist keine Einbahnstraße. Wenn ein Wert gewinnt, kann er auch wieder verlieren. Lassen Sie sich von sinkenden Kursen nicht entmutigen.

Eine spannende Hochrechnung

Wer viel Geld hat, kann spekulieren.
Wer wenig Geld hat, darf nicht spekulieren.
Wer kein Geld hat, muss spekulieren.

André Kostolany

Wenn Sie heute 5000 Mark besitzen, dann haben Sie eine reelle Chance, in acht Jahren Millionär zu sein. Sie müssen Ihr Geld lediglich einmal im Jahr an der Börse verdoppeln. Wichtig ist, dass Sie zunächst einen Grundstock von 5000 Mark angespart haben, mit dem Sie starten können. Rechnen Sie mit:

Sie investieren heute 5000 Mark in eine Aktie und verdoppeln dieses Geld innerhalb eines Jahres dank einer guten Anlagestrategie. Dann haben Sie 10 000 Mark, die Sie im Lauf von zwölf Monaten neu investieren und wiederum verdoppeln. Im dritten Jahr verdoppeln Sie die 20 000 Mark wieder und haben 40 000 Mark. Im vierten Jahr verdoppelt sich der Betrag auf 80 000 Mark, im fünften auf 160 000 Mark, im sechsten Jahr auf 320 000 Mark und im siebten Jahr auf 640 000 Mark. Im achten Jahr erreichen Sie mit dieser Strategie 1,3 Millionen. Wenn Sie mit

10 000 Mark anfangen, schaffen Sie es in sieben Jahren, mit 20 000 Mark in sechs Jahren, und mit 40 000 Mark innerhalb von fünf Jahren.

In den vergangenen drei bis vier Jahren habe ich zahlreiche Aktionäre kennen gelernt, die weitaus mehr als 100 Prozent Gewinn pro Jahr an der Börse realisiert haben. Wahrscheinlich wird es auch bei Ihnen sehr viel schneller gehen, weil Sie Ihr Geld nicht nur verdoppeln, sondern ein Mehrfaches an Gewinn erwirtschaften werden. Zum zweiten werden Sie während dieser Zeit weiterhin sparen und mehr Geld ansammeln können, das Sie wiederum investieren.

Trotzdem: Sichere Aktien gibt es nicht. Deshalb informieren Sie sich sehr gut, bevor Sie in Einzelwerte investieren, oder überlassen Sie es Profis, die einen Fonds für Sie managen.

Seien Sie wachsam und gehen Sie mit einer klaren Strategie vor, wenn es um die kluge Vermehrung Ihrer Ersparnisse geht. Milliarden von Mark fließen noch immer in die grauen Kapitalmärkte, und ich habe viele Menschen kennen gelernt, die unseriösen Anlageberatern vertrauten und damit viel Geld verloren haben. Ich kann Ihnen nur raten: Wenn Sie jemand anruft, der Ihnen Weizen oder Diamanten oder ähnliches am Telefon verkaufen möchte, lassen Sie die Finger davon. Solche Menschen kontaktieren Sie nicht, um Sie reich zu machen. Sie rufen vielmehr bei Ihnen an, um mit Ihrer Unwissenheit und Ihrer blinden Zuversicht Geld zu verdienen. Vertrauen Sie keinen Hochglanzbroschüren. Sprechen Sie vorher mit Ihrer

Bank oder Ihrer Steuerkanzlei und lassen Sie sich beraten. Holen Sie sich Hintergrundinformationen und investieren Sie dann dort, wo Sie selbst es für richtig halten.

Sie sollten sich darüber im Klaren sein, dass Ihr persönlicher Lebensplan die Grundlage für erfolgreiche Geldvermehrung ist, und dass Information das wichtigste Kapital ist, das Sie in Ihr persönliches Vermögensmanagement einbringen. Sie können niemand anderen für Ihr Kapital verantwortlich machen. Sie müssen sich selbst darum kümmern und vorsorgen.

Mein Tipp:

- Achten Sie auf Seriosität bei Anlageberatern und prüfen Sie sorgfältig, bevor Sie investieren.

Wissen macht reich oder: Investieren Sie Ihre Zeit in sinnvolle Dinge

Dem Geld darf man nicht nachlaufen.
Man muss ihm entgegengehen.

Aristoteles Onassis

Wenn Sie täglich acht, neun, zehn, vielleicht auch zwölf Stunden oder mehr arbeiten, dann ist das schön und gut. Arbeit ist außerordentlich wichtig und existenziell, denn durch Arbeit kann und muss man sich eine gewisse Lebensgrundlage finanzieren. Auch ich arbeite, um meinen Lebensstandard zu erhalten. Ich habe Eis verkauft, Kartons geholt, Brötchen gebacken. Dann begann ich, mein angespartes Kapital gezielt an der Börse zu investieren. Und nur wenige Jahre später verdiente ich dank meiner Wertpapiere ein Vielfaches meines bisherigen Monatslohnes.

Dieses Ziel sollten auch Sie haben. Doch dazu ist es notwendig, dass Sie sich Grundwissen über Geldangelegenheiten und Vermögensmanagement aneignen. Den ersten Schritt haben Sie mit dem Lesen dieses Buches bereits getan.

Anstatt sich Abend für Abend Überstunden in der Firma, in der Sie angestellt sind, aufzubürden, sollten

Sie täglich eine Stunde dazu nutzen, um sich über den Aktienmarkt zu informieren. Kümmern Sie sich ernsthaft darum, Ihr Vermögen zu vervielfachen. Denn die eine Stunde, die Sie heute in Ihre Vermögensvermehrung investieren, bekommen Sie in einem Jahr mit großer Wahrscheinlichkeit besser honoriert als alle Stunden, die Sie täglich arbeiten, zusammen. Sie werden in 60 Minuten Beschäftigung mit der Börse in jedem Fall mehr verdienen als 15 oder 20 Mark Stundenlohn, mit dem Ihnen vielleicht heute Ihre Überstunde abgegolten wird. Und eine Stunde ist eine Menge Zeit, wenn es darum geht, sich Wissen anzueignen.

In der vergangenen Woche traf ich auf einer Medienparty den Inhaber einer großen Agentur, die weltweit Werbekampagnen für namhafte Firmen initiiert und begleitet. Wir plauderten ein bisschen, natürlich auch über Aktien, und er erzählte, dass er bislang noch nie Wertpapiere besessen habe und auch nicht verstehen könne, dass alles so einfach sein solle. »Hätten Sie denn überhaupt Interesse, mit Aktien zu handeln?«, fragte ich ihn. Er antwortete, er habe keine Zeit, da er täglich 14 Stunden in der Agentur arbeite und seine ganze Zeit und Aufmerksamkeit dem Unternehmen widme. Ich riet ihm, sich einmal über Folgendes Gedanken zu machen: Würde er täglich zwei Stunden weniger arbeiten, diese Zeit aber in seine Vermögensverwaltung investieren, würde ihm diese Zeit mit Sicherheit besser bezahlt, als die beiden Stunden im Büro. Obwohl er mir zustimmte, wollte er trotzdem nichts an seinen bisherigen Lebensgewohnheiten ändern. Dieses Beispiel verdeutlicht, dass Sie wirklich Lust und den unbedingten Willen mitbringen müssen, wenn Sie an der Börse dabei sein wollen.

Der Agenturbesitzer meinte noch ironisch: »Und wenn ich Ihre Börsen-Hotline anhöre, werden sie mich dann zum Millionär machen?« Ich antwortete: »Nein, wenn Sie nur jeden Tag meine Börsen-Hotline anhören, werde ich Sie wahrscheinlich nicht zum Millionär machen können, denn Ihnen fehlt der Wille, sich ernsthaft mit dem Thema Geld auseinander zu setzen.« Er blickte mich etwas verdutzt an und meinte dann: »Ja, aber sie behaupten doch, sie würden jeden, der ihre Hotline anhört, zum Millionär machen.« Ich entgegnete:

»Ich behaupte nicht, ich mache jeden zum Millionär. Ich sage, ich mache jeden zum Millionär, der den Willen hat, reich zu werden und auch etwas dafür zu investieren. Und dazu gehört vor allem, dass man sich eine Stunde pro Tag mit diesem Thema intensiv auseinander setzt.«

Wenn jemand bereit ist, etwas dafür zu tun, wird er auch Erfolg haben. Leser von Wirtschafts- und Finanzmagazinen haben es längst begriffen, dass Geldpolitik und Anlagestrategien unser aller Leben bestimmen. Auf die Gesamtbevölkerungszahl gerechnet, sind sie aber noch die glorreiche Ausnahme, denn die meisten lesen noch immer *Bunte* oder *Gala* und schauen sich die Bilder und Fotos der Millionäre an, die auf ihren Jachten Partys veranstalten, statt selbst dabei zu sein. Wenn sie sich nur einmal eine Finanzzeitschrift gönnen würden, um zu lesen, welche Aktien dort empfohlen werden, welche gestiegen sind und welche steigen werden, wäre viel gewonnen.

Noch einige Beispiele: Vergangene Woche war ich auf Wohnungssuche. Der Immobilienmakler bekam mit, dass ich mit Aktien handle und war sofort begeistert beim Thema. Er berichtete, dass er selbst seit einem Jahr Aktionär sei; vorher, so erzählte er, hatte er keine Ahnung von diesem Thema. Allerdings habe ihn dann seine Freundin angesteckt, und mittlerweile liege in jeder Ecke seiner Wohnung ein Börsenmagazin herum und die Börse sei für ihn das Faszinierendste überhaupt. Hören Sie sich in Ihrem Freundes- und Bekanntenkreis um: All diejenigen, die mit Engagement gezielt an der Börse investieren, werden Ihnen bestätigen, dass es Spaß macht, dass es spannend und dass es lukrativ ist.

Wenn Sie dieses Buch aufmerksam gelesen haben, werden Sie festgestellt haben, dass es zu meinen Lieblingstätigkeiten zählt, andere Menschen von der Börse zu begeistern. Natürlich rückte auch mein Bruder ins Zentrum meines Interesses. Er kam auf mich zu und bat mich darum, ihn in die Geheimnisse der Börse einzuweihen. Mein Bruder war zwölf Jahre lang Konditor und arbeitete etwa zwölf Stunden täglich. Er weiß also, was es heißt, Geld zu verdienen.

Ich erklärte ihm die Grundprinzipien der Börse und

er entwickelte ein Faible für amerikanische Aktien, beschäftigte sich ausgiebig mit der Analyse von Charts und gründete schließlich zusammen mit Freunden einen Investmentclub. Früher sprachen sie in dieser Runde über Fußball und Formel 1 oder über erfolgreiche Sportler, die dank ihrer Talente und ausgiebigem Training zu Millionären wurden. Heute diskutieren sie über Aktien und überlegen, wie sie es selbst zum Millionär bringen können.

Auch mein Vater investiert an der Börse. Er weiß, dass er sein Geld in der Bäckerei nicht so einfach verdienen kann, wie er es an der Börse tut. Er weiß aber auch, dass er sein Vermögen an der Börse so leicht verlieren kann, wie es in der Bäckerei nicht möglich ist. Aber dieses Risiko kann man minimieren, wenn man aufmerksam die Wirtschaftsnachrichten verfolgt und Stopp-Loss-Limits setzt.

Mein Freund Stephan ist ein Lebenskünstler, der es versteht, das Leben zu genießen und Geld mit vollen Händen auszugeben. Sich ein kleines finanzielles Polster für die Zukunft anzusparen, entsprach überhaupt nicht seinem Wesen. Wir kennen uns schon sehr lange, und Stephan war seit dem Zeitpunkt, an dem ich mit meinen Börsenspekulationen begann, mein kritischster Beobachter. Nachdem er eineinhalb Jahre lang meine Begeisterung miterlebt hatte, weckten meine Erfolge und mein Enthusiasmus den Wunsch in ihm, ebenfalls mit Wertpapieren zu handeln. Allerdings war er der Meinung, er habe zu wenig Geld, um ebenfalls mit

Aktien zu spekulieren. Ich riet ihm dazu, zunächst einmal zu sparen. Wir stellten gemeinsam einen Finanzplan auf und rechneten aus, wie viel Geld Stephan im Monat verdiente, wie viel er davon tatsächlich zum Leben brauchte und welche Summe er auf die Seite legen konnte, um sich einen kleinen Grundstock anzusparen, mit dem er an der Börse einsteigen wollte.

Sein Bruder Michael bot ebenfalls seine Unterstützung an. Michael kaufte damals selbst Aktien des Unternehmens Teles. Er machte Stephan das Angebot, 30 Teles-Aktien für je 150 Mark für ihn mit zu kaufen. Stephan sollte ihm den vorinvestierten Betrag innerhalb eines Jahres zinslos mit einer monatlichen Rate von 400 Mark zurückzahlen. Das Modell klappte sehr gut, und ein Jahr später stand Teles bereits bei 300 Mark. Stephan hatte also nach einem Jahr seine Schulden abbezahlt und 5000 Mark gut gemacht.

Im November 1999 trafen wir uns beim Geburtstag meines Vaters. Stephan war so angetan von seinem Erfolg, dass er eine zweite Aktie kaufen wollte und bat mich um eine Empfehlung. Ich riet ihm zur Poet-Aktie für zwölf Euro das Stück – es war, wie sich herausstellen sollte, ein goldener Tipp, denn das Wertpapier stieg, stieg und stieg. Stephan rief mich damals in seinem Überschwang täglich an, um zu fragen: »Markus, hast du schon gesehen, wo meine Poet steht?« Im Februar stand die Aktie bei 200 Euro. Stephan hatte auf meinen Rat hin seinen Stopp-Loss bei 180 Euro angepasst, verkaufte die Aktie bei diesem Kurs und realisierte einen schönen Gewinn. Dass auch er mittlerweile vom Börsenfieber infiziert ist, muss ich nicht mehr erwähnen.

Ich habe Ihnen in diesem Buch zahlreiche Menschen aus meinem Bekannten- und Freundeskreis, aus meiner Familie und meinem geschäftlichen Umfeld vorgestellt, die ich von den Chancen und Möglichkeiten, die die Börse bietet, überzeugen konnte. Für viele, sei es Roland, Stephan, Katharina oder auch mein Bruder, hat sich das Leben grundlegend verändert. Es ist großzügiger und gehaltvoller geworden, es wurde um einige Aspekte bereichert und es haben sich ganz neue Perspektiven eröffnet. Ich habe Ihnen diese Episoden erzählt, um Ihnen Mut zu machen, auch in Ihrem Leben etwas zu bewegen.

Argumentieren Sie jetzt am Ende dieses Buches nicht, Sie hätten kein Geld für das Aktiengeschäft. Natürlich wird es den einen oder anderen unter Ihnen geben, der tatsächlich kaum oder gar kein Geld besitzt. Wenn Sie dazu gehören und wirklich kein Geld haben, müssen Sie sich Geld erarbeiten. Lehnen Sie sich nicht zurück, sondern werden Sie aktiv und suchen Sie sich zusätzliche Einkommensquellen. Und denken Sie daran: Auch ich habe noch vor einigen Jahren Eis verkauft und Brötchen gebacken.

Vergeuden Sie vor allem keine unnütze Zeit, sondern konzentrieren Sie sich ab heute auf die Dinge, die Sie weiterbringen. Unterhalten Sie sich mit Leuten, die mit Aktien spekulieren. Wenn Sie es selbst erleben, werden Sie sehen, wie unkompliziert und spannend es ist. Ich höre oft das Argument: »Ja, wenn es so einfach wäre, Geld zu verdienen, dann würde es ja jeder machen!« Glauben Sie mir: Es ist einfach. Täglich steigen mehr Aktionäre an der Börse ein, in den USA sind es bereits 80 Prozent der Gesamtbevölkerung. Und warum, denken Sie, gibt es von Jahr zu Jahr mehr Aktionäre? Weil alle verlieren? Nein, weil viele gewinnen. Wenn Sie sich jeden Tag eine Stunde Zeit nehmen, werden Sie in kürzester Zeit Börsenprofi sein.

Es macht viel Spaß, sich Hintergrundwissen über die Börse anzueignen und mit diesem Wissen Vermögen zu vermehren. Denn dieses Wissen wird sich in barer Münze auszahlen. Aus all meinen Erfahrungen, die ich über die Jahre gesammelt habe, habe ich eine Strategie entwickelt, und mit meiner Strategie bin ich letztlich Millionär geworden – und auch andere hatten auf diesem Weg Erfolg. Warum sollten Sie das nicht auch schaffen, wenn Sie meine Strategie konsequent verfolgen? Sie wären der Erste, der kein Geld an der Börse verdient, wenn Sie gewisse Regeln beim Börsenspiel beachten.

Mein Leben unterscheidet sich auf den ersten Blick nicht wesentlich von dem anderer Menschen. Und doch ist es mittlerweile – dank meiner Entscheidung, an der Börse aktiv zu werden – viel aufregender und im doppelten Sinn viel reicher geworden, als das mancher Zeitgenossen. Ich habe etwas riskiert und habe gewonnen. Auch Sie benötigen nur etwas Mut und ein bisschen Glück, um ähnlichen Erfolg zu haben. Aber Glück kann man sich auch erarbeiten.

Danke

Ich möchte die Gelegenheit nutzen, mich auf diesem Weg bei all denjenigen zu bedanken, die mich auf vielfältige Art und Weise bei der Umsetzung meine Ziele unterstützt und begleitet haben. Da sind zum einen meine Eltern, mein Bruder Jörg und meine Freundin Aylin zu nennen. Des Weiteren meine Freunde und persönlichen Weggefährten Lorenz, Roland, Rudi, Andreas und Ali sowie meine wichtigsten Geschäftspartner Bernd Förtsch, Dr. Joachim Beck, Uli Stein und Kai Panitzki. Dr. Tanja Kodisch danke ich für die aufmerksame Schlussredaktion dieses Buches, Jens Schadendorf von Econ für die hervorragende persönliche Betreuung.

Berlin, im Januar 2001 Markus Frick

Meine besten Börsentipps im Überblick

- Bevor Sie Ihren persönlichen Vermögensaufbau planen, nehmen Sie sich die Zeit, einige Fragen zu Ihrer finanziellen Situation zu beantworten:

  - Wie viel Geld habe ich?
  - Wie viel davon benötige ich, um meine täglichen Ausgaben zu bestreiten?
  - Welche Summe bleibt nun übrig, die ich als Startkapital anlegen kann?
  - Möchte ich einen monatlichen Betrag beiseite legen oder einmalig investieren?

- Überlegen Sie, welche Ziele Sie mit Ihrem Geld verfolgen und wie hoch das Risiko sein soll, das Sie eingehen möchten.

- Wenn Sie an der Börse neu einsteigen, legen Sie sich zunächst ein Musterdepot an. Packen Sie die Werte hinein, die Sie gerne kaufen würden, und beobachten Sie deren Entwicklung genau, bevor Sie tatsächlich investieren.

- Lassen Sie sich nicht darauf ein, an der Börse Lotterie zu spielen.

- Erst wenn Sie erkennen, dass die Aktien Ihres Musterdepots überproportionale Gewinne erzielen, sind Sie für reale Operationen am Markt gerüstet.

- Motivieren Sie sich jeden Tag selbst! Haben Sie ein Ziel vor Augen und engagieren Sie sich mit all Ihrer Kraft dafür.

- Nur Sie selbst können sich erfolgreich machen. Erwarten Sie es nicht von anderen.

- Spielen Sie das Börsenspiel nach einer konsequenten Strategie und festgelegten Regeln.

- Informieren Sie sich – der wichtigste Faktor, den Sie investieren müssen, ist Zeit.

- Halten Sie nie mehr als drei bis vier Werte in Ihrem Depot.

- Setzen Sie konsequent Stopp-Loss-Limits. So sichern Sie sich gegen eventuelle Verluste ab und Ihnen kann nicht viel passieren.

- Passen Sie Stopp-Loss-Orders regelmäßig dem gestiegenen Wert Ihrer Aktie an.

- Setzen Sie Stopp-Loss-Limits bei ungeraden Marken, um sicherzugehen, dass Sie im Fall eines Verkaufs noch den gewünschten Preis dafür erzielen.

- Sollten Sie in volatilen Börsenzeiten immer wieder durch ausgelöste Stopp-Kurse verkaufen müssen, investieren Sie nicht neu, sondern warten Sie ab und üben Sie sich in Geduld. Auch Geduld ist eine Tugend, die man an der Börse lernen muss.

- Vertrauen Sie auf sich selbst, wenn es um Ihr Geld geht.

- Freuen Sie sich, wenn Sie von Ihrer Bank gut beraten werden – aber vergleichen Sie trotzdem mit anderen Angeboten.

- Als Aktionär sind Sie selbständig, und Sie müssen in Ihr eigenes Unternehmen investieren. Die wichtigsten Investitionen, die Sie einbringen, sind Wissen und Zeit.

- Politische Entscheidungen können das Börsengeschehen sehr stark beeinflussen. Sehen Sie Nachrichten und achten Sie auf mögliche Umbrüche.

- Steigen Sie nicht aus der Börse aus, wenn Sie bereits viel Geld verloren haben. Analysieren Sie Ihre Fehler und investieren Sie neu.

- Sie selbst sind für Ihr Handeln und für Ihre Entscheidungen verantwortlich. Treffen Sie eine Entscheidung und stehen Sie dazu.

- Wenn Sie einen echten Highflyer im Depot haben, warten Sie nicht, bis die Spekulationsfrist abgelaufen ist. Realisieren Sie die Gewinne und investieren Sie wieder neu!

- Behalten Sie gute Nerven, wenn sich der Markt nach unten bewegt. Wenn Sie Ihre Stopp-Loss-Orders gesetzt haben, kann Ihnen nicht viel passieren.

- Freuen Sie sich über Tiefstände, und nutzen Sie die einmalige Chance einzusteigen. Niedrigkurse sind Kaufkurse und eine Freude für jeden Aktionär: Sie können neu investieren!

- Haben Sie Mut. Ihr Leben kann in einem halben Jahr ganz anders aussehen als heute, wenn Sie den Willen haben, etwas zu verändern.

- Üben Sie sich, was die Börse angeht, in Geduld. Besonders in volatilen Zeiten kann es sehr sinnvoll sein, einige Wochen abzuwarten, bis sich der Markt beruhigt hat.

- Konzentrieren Sie sich. Niemand kann seine Augen und Ohren überall haben. Halten Sie nie mehr als drei Werte in Ihrem Depot, und schenken Sie diesen Werten Ihre ganze Aufmerksamkeit.

- Setzen Sie auf Trends und setzen Sie auf Wachstumsbranchen.

- Beobachten Sie Neuemissionen. Hier lauern die größten Gewinnchancen.

- Der Neue Markt bietet hervorragende Chancen für jeden Aktionär. Bleiben Sie vor allem hier am Ball.

- Laufen Sie keinem Wert hinterher, der innerhalb eines Tages überproportional wächst. Sie bekommen am nächsten Tag eine neue Chance.

- Bevor Sie eine Neuemission zeichnen, lassen Sie sich Informationen aus dem Unternehmen schicken und informieren Sie sich genau über das Geschäftsfeld des Unternehmens.

- Beobachten Sie den Graumarkt; Graumarktkurse geben oft schon vorab Aufschluss über die zukünftige Entwicklung einer Neuemission.

- Beherzigen Sie die Tipps der Profis und Analysten.

- Wenn Sie keine Lust oder keine Möglichkeit haben, sich selbst intensiv um das Börsengeschehen zu kümmern, investieren Sie in einen Fonds.

- Informieren Sie sich auch bei einem Kauf von Fondsanteilen gründlich.

- Vergleichen Sie die Angebote verschiedener Banken und Fondsgesellschaften.

- Achten Sie auf Kosten und Gebühren (Ausgabeaufschlag, Verwaltungs- und Depotgebühren).

- Vereinbaren Sie nach Möglichkeit einen variablen Zeitpunkt für die Auszahlung, um bei Kursschwankungen selbst handeln zu können.

- Nur elf Prozent der Deutschen investieren heute in Aktien. Diese elf Prozent erzielen überdurchschnittliche Gewinne. Sorgen Sie dafür, dass Sie zu dieser kleinen Gruppe Erfolgreicher gehören.

- Bevor Sie ein neues Depot eröffnen, informieren Sie sich genau über die Gebühren, die die Bank für die Abwicklung Ihrer Orders verlangt. Sollten Sie zu einer Bankniederlassung in Ihrer Nähe gehen, verhandeln Sie.

- Sollten Sie sich für einen Onlinebroker entscheiden, sehen Sie sich die Seite im Internet vorher an und urteilen Sie, welchen Service der Anbieter bereithält und ob seine Seiten nutzerfreundlich aufgebaut sind.

- Das Internet bietet zahlreiche Websites, auf denen Sie ausführliche Informationen zu Wertpapieren, aktuellen Kursen oder Adhoc-Mitteilungen finden.

- Manchmal beeinflussen massenpsychologische Faktoren die Marktentwicklung oder den einzelnen Kurs eines Wertpapiers so stark, dass es keine rationale Erklärung für Kursschwankungen gibt. Bedenken Sie, dass die Börse von Menschen gesteuert wird.

- Wenn Sie Ihren Stopp-Loss bei einer ungeraden Marke gesetzt haben, wird Sie auch ein Crash nicht aus der Fassung bringen.

- Parken Sie Ihr Geld in den Sommermonaten als Festgeld.

- Freuen Sie sich über die Tiefstände im September oder Oktober – schwache Kurse sind Kaufsignale und eine Freude für jeden Aktionär.

- Vermeiden Sie die drei großen Fehler:
  1. nicht informiert zu sein;
  2. den Markt nicht zu beobachten;
  3. keinen Stopp-Loss zu setzen.

- Lassen Sie sich von Zahlenreihen und Tabellen im Kursteil der Wirtschaftszeitungen nicht entmutigen. Sie sind einfacher zu durchschauen, als man glaubt.

- Nutzen Sie die Chance, sich auf den großen Anlegermessen in Deutschland zu informieren. Sie erhalten dort Informationen aus erster Hand, die bares Geld wert sein können.

- »Strong buy«, »outperformer« und »buy« sind klare Kaufempfehlungen der Analysten.

- Bei Bewertungen wie »underperformer«, »halten«, »neutral« oder »hold« sollten Sie die Entwicklung Ihrer Aktie um so aufmerksamer im Blick haben.

- Setzen Sie bei Ihrer ersten Aktie auf eine Branche, die Ihnen vertraut ist.

- Setzen Sie auf Marktführer.

- Trennen Sie sich so bald wie möglich von Aktien, mit denen Sie Verluste machen.

- Lassen Sie Gewinner laufen – selbstverständlich mit angepasstem Stopp-Loss.

- Achten Sie in den Wirtschaftsnachrichten auf Anzeichen für eine Zinserhöhung und beobachten Sie die Marktentwicklung – so lernen Sie ökonomische Prinzipien kennen.

- Lassen Sie sich von anstehenden Zinserhöhungen nicht zu stark in Ihren Anlageentscheidungen beeinflussen.

- Die Deutschen werden ein Volk von Aktionären. Sorgen Sie dafür, dass Sie dabei sind.

- Die Börse ist keine Einbahnstraße. Wenn ein Wert gewinnt, kann er auch wieder verlieren. Lassen Sie sich von sinkenden Kursen nicht entmutigen.

- Achten Sie auf Seriosität bei Anlageberatern und prüfen Sie sorgfältig, bevor Sie investieren.

Kleines Börsen-ABC

Accumulate: Der Begriff »Accumulate« heißt wörtlich übersetzt soviel wie »ansammeln, aufhäufen« und ist in der Aktionärssprache als Kaufempfehlung zu werten.

Ad-hoc-Mitteilungen: Aktiengesellschaften sind per Gesetz dazu verpflichtet, Neuigkeiten des Unternehmens, die den Kurs beeinflussen, zu veröffentlichen. Diese Informationen werden Ad-hoc-Mitteilungen genannt.

Aktien: Eine Aktie ist ein Wertpapier, welches das Anteilsrecht an einem Unternehmen verbrieft.

Aktiengesellschaft: Als Aktiengesellschaft (AG) bezeichnet man die Rechtsform eines Unternehmens, das Aktien ausgibt, sodass sich Anleger am Kapital des Unternehmens beteiligen können. Durch die Ausgabe von Aktien erhält dieses Unternehmen mehr Grundkapital, das ins Unternehmenswachstum investiert werden kann. Im Gegenzug verpflichtet sich das Unternehmen, quartalsweise Auskunft über die Umsatzzahlen und den erwarteten Gewinn oder Verlust zu erteilen.

Aktienindex: Der Aktienindex gibt die Kursentwicklung des Aktienmarkts oder bestimmter Teilbereiche an. Am bekanntesten ist der Deutsche Aktienindex, kurz DAX. Er gibt die Wertentwicklung der 30 führenden deutschen Werte im Querschnitt an und wird minütlich ermittelt.

Aktiensplit: Bei einem Aktiensplit wird eine Aktie in mehrere Anteile geteilt. Ein Aktiensplit ist in erster Linie der Versuch, eine Aktie optisch preiswerter zu machen und durch diesen psychologischen Trick mehr Anleger zum Kauf zu bewegen. Der Anteil, den ein Anleger an dem jeweiligen Unternehmen hält, bleibt nach dem Split unverändert. Das Vermögen der Aktiengesellschaft verteilt sich lediglich auf mehrere Aktien. Ein Beispiel: Eine Aktiengesellschaft hat ihr Vermögen auf 1 000 000 Aktien verteilt. Ein Anleger besitzt 100 Aktien dieser Gesellschaft zu je 100 Euro. Die Gesellschaft splittet die Aktien im Verhältnis eins zu zwei. Das heißt, sie verteilt ihr Vermögen nun auf 2 000 000 Aktien, und der Anleger hält automatisch 200 Aktien zu je 50 Euro. Sein Vermögen bleibt gleich, es besteht aber die Hoffnung, dass neue Anleger bei 50 Euro kaufen, weil die Aktie preiswerter erscheint. Ein Aktiensplit ist damit die schnellste Möglichkeit, einen Kurs zum Klettern zu bringen.

Aktionär: Ein Aktionär ist durch den Besitz von Wertpapieren einer Gesellschaft Anteilseigner des Unternehmens. Er hat Anspruch auf Gewinnbeteiligung, Bezugsrecht bei Kapitalerhöhungen, eventuell Stimmrecht bei Hauptversammlungen und das Recht auf Information, wenn sich etwas an der Unternehmenssituation ändert.

Amtlicher Handel: Der amtliche Handel ist das umfangreichste Marktsegment an den deutschen Börsen. Die Zulassungsbedingungen sind – im Gegensatz zum geregelten Markt oder zum Freiverkehr – relativ streng. Um zum amtlichen Handel zugelassen zu werden, muss eine Aktiengesellschaft umfassende Angaben zu ihren wirtschaftlichen und finanziellen Verhältnissen machen.

Anleihe: Eine Anleihe ist ein festverzinsliches Wertpapier.

Ausgabeaufschlag: Der Ausgabeaufschlag ist eine Gebühr, die beim Kauf von Fondsanteilen anfällt. Die Höhe des Ausgabeaufschlags liegt meist zwischen drei und fünf Prozent. Discount- oder Onlinebroker bieten die gleichen Fonds bisweilen günstiger oder ohne Ausgabeaufschlag in der Fachsprache als »no load« – an.

AS-Fonds: AS steht für Altersvorsorge Sondervermögen und wird von Anlegern genutzt, um für das Alter und die Rente vorzusorgen. AS-Fonds investieren das Kapital ihrer Anleger langfristig primär in Aktien und Immobilien.

Aufsichtsrat: Der Aufsichtsrat ist ein Gremium, in dem verschiedene Personen sitzen, die die Arbeit des Vorstands einer Aktiengesellschaft kontrollieren.

Auskunftsrecht: Als Aktionär eines Unternehmens haben Sie das Recht, bei der einmal jährlich stattfindenden Hauptversammlung vom Vorstand des Unternehmens Informationen zu erhalten.

Ausschüttung: Die Ausschüttung ist die Zahlung von Dividenden an die Aktionäre.

Aussetzen der Kursnotierung: Werden plötzliche Ereignisse publiziert, die den Kurs einer Aktie stark beeinflussen können – zum Beispiel die Konkurserklärung eines Unternehmens oder ein Übernahmeangebot – kann ein Wertpapier vom Handel ausgesetzt werden. Die Börsenaufsicht möchte dadurch vor allem Kleinanleger schützen und Kurzschlussreaktionen der Anleger vorbeugen.

Bär: Eine Bezeichnung in der Aktionärssprache, die schwache Kurse oder einen allgemeinen Kursrückgang bezeichnet. Umgekehrt gibt es den **Bullen**, der symbolisch für den Aufwärtstrend am Markt steht.

Baisse: Länger andauernder Kursrückgang an der Börse. Das Gegenteil ist die **Hausse**, ein langfristiger, stabiler Aufwärtstrend.

Blue Chips: Die Blue Chips, auch Standardwerte genannt, sind Aktien großer Gesellschaften mit hoher Marktkapitalisierung, wie Allianz, Deutsche Bank, DaimlerChrysler oder SAP.

Börse: Der Markt, an dem Wertpapiere gehandelt werden.

Börsenmakler: Sie bringen Aktienverkäufer und -käufer zusammen und bestimmen aufgrund der Nachfrage den Preis einer Aktie. Für jedes abgeschlossene Geschäft erhalten sie eine Courtage.

Bookbuilding: Festlegung des Ausgabekurses bei der Neuemission. Dabei wird meist kein fester Kurs vorgegeben, sondern eine Preisspanne festgelegt – also zum Beispiel acht bis zehn Euro. Ist die Nachfrage nach den neuen Aktien hoch, wird der Ausgabepreis im oberen Segment, also bei etwa zehn Euro, liegen, ist die Nachfrage niedrig, wird die Aktie günstiger, also bei etwa acht Euro, ausgegeben.

Bulle: Im Gegensatz zum Bären ist der Bulle das Symboltier für eine Hausse, also einen längerfristigen Aufwärtstrend am Aktienmarkt.

Buy: Buy ist eine klare Kaufempfehlung der Analysten und lässt eine weitere Kurssteigerung der so bewerteten Aktie erwarten.

Chart: Die Darstellung des Kursverlaufs in einer Grafik.

Computerhandel: Auch Xetra-Handel genannt. Im Computerhandel gibt es kein reales Börsenparkett mehr; Kauf- und Verkauforders werden über den Computer abgewickelt.

Courtage: Die Courtage ist die Provision, die ein Börsenmakler für ein erfolgreich abgeschlossenes Geschäft erhält.

Crash: Ein Crash ist ein plötzlicher und rapider Kursrückgang.

DAX: Die Abkürzung für Deutscher Aktien Index. Er wurde 1988 eingeführt. Im DAX sind die 30 wichtigsten deutschen Aktienwerte gelistet.

Day-Trader: Aktionäre, die täglich mit Aktien spekulieren und zahlreiche Geschäfte mit der Absicht auf kurzfristige Gewinnmitnahmen abwickeln.

Depot: Wertpapierkonto, das bei Ihrer Bank geführt

wird. Hier werden Wertpapiere »virtuell« aufbewahrt und verwaltet.

Depotbank: Bank, bei der Sie Ihre Wertpapiere verwalten.

Discount-Broker: Wertpapierhändler, vor allem Internetbanken, die Wertpapierkäufe und -verkäufe sowie die Verwaltung Ihres Wertpapierdepots übernehmen und dabei sehr niedrige Gebühren verlangen, allerdings auch keine Beratung anbieten.

Dividende: Jährliche Ausschüttung des Gewinnanteils einer Aktiengesellschaft, die an die Aktionäre gezahlt wird.

Dow Jones: Der bekannteste amerikanische Aktienindex. Ähnlich wie der DAX bildet der Dow-Jones-Index die Entwicklung der 30 wichtigsten amerikanischen Werte ab.

Emission: Die Ausgabe von Wertpapieren.

Fonds: Ein Korb von Wertpapieren, der von professionellen Fondsmanagern verwaltet wird. Es gibt unterschiedliche Arten von Fonds, die je nach Markt, in den sie investieren, klassifiziert sind.

Freiverkehr: Im Freiverkehr werden Wertpapiere gehandelt, die weder zum amtlichen Handel noch zum geregelten Markt zugelassen sind. Vor allem kleinere Unternehmen oder Auslandswerte lassen sich hier notieren, weil die Bestimmungen nicht so streng sind.

Fusion: Unter einer Fusion versteht man den Zusammenschluss zweier oder mehrerer Unternehmen. Fusionsgerüchte können den Kurs einer Aktie erheblich beeinflussen.

Genussschein: Wertpapier, das Vermögensrechte an einem Unternehmen und den Anspruch auf Gewinnbeteiligung verbrieft. Der Inhaber eines Genussscheins hat allerdings kein Stimmrecht bei der Hauptversammlung.

Geschlossener Fonds: Investmentfonds, der nach Erreichen einer vorgegebenen Einzahlungssumme keine weiteren Gelder von Investoren annimmt.

Gewinnmitnahmen: Verkauf eines gestiegenen Wertpapiers, um die Gewinne zu realisieren.

Going Public: Der Gang eines Unternehmens an die Börse.

Graumarkt: Vorbörsliche Handelsplattform, an der oftmals Wertpapiere von kleineren Unternehmen gehandelt werden, die (noch) nicht am Neuen Markt notiert sind. Eine Investition ist hier nur erfahrenen und risikofreudigen Anlegern zu empfehlen.

Hauptversammlung: Jährliches Treffen des Vorstands und der Aktionäre einer Aktiengesellschaft. Dabei wird über die vergangene Kursentwicklung sowie über zukünftige Strategien informiert.

Hausse: Zeit, in der Aktien längerfristig und konstant ansteigen. Das Gegenteil ist die **Baisse**.

Hold: Mit dieser Empfehlung zeigen Analysten an, dass man eine Aktie, die man bereits im Depot hat, mit ruhigem Gewissen »halten« kann.

Investmentfonds: Kapitalanlagegesellschaft, die die eingezahlten Gelder ihrer Kunden breit gestreut anlegt.

Investor Relations: Alle Aktivitäten eines Unternehmens, die unternommen werden, um Anleger an die Aktiengesellschaft zu binden. So zum Beispiel auch die Streuung von Informationen für Anleger oder künftige Aktionäre, die eine Aktiengesellschaft im Rahmen ihrer Öffentlichkeitsarbeit herausgibt.

IPO: Abkürzung für Initial Public Offering. Damit wird der Zeitpunkt beschrieben, an dem Aktien eines Unternehmens erstmals öffentlich am Markt gehandelt werden.

Konsortialbanken: Diejenigen Banken, die ein Unternehmen beim Gang an die Börse begleiten und die Aktien ausgeben.

Kurs: Der Preis, zu dem eine Aktie an der Börse gehandelt wird. Er wird von den Maklern festgesetzt.

Kurs-Gewinn-Verhältnis: Kurz KGV genannt. Es vergleicht den Kurs einer Aktie mit dem bereinigten Unternehmensgewinn, sodass der Anleger feststellen kann, ob der Kurs einer Aktie angemessen bewertet ist. Bei einem KGV von fünf ist der Kurs also fünfmal höher als der tatsächliche Gewinn pro Aktie.

Limit: Bei Kauf- oder Verkaufsaufträgen können Sie einen Kurs festlegen, der nicht über- oder unterschritten werden darf.

Marketoutperformer: Die Einschätzung der Aktienexperten, dass sich der Kurs eines Wertpapiers besser entwickeln wird als der Gesamtmarkt oder der Aktienindex.

Marketperformer: Die Einschätzung der Aktienexperten, dass sich der Kurs eines Wertpapiers in etwa so entwickeln wird, wie der des Gesamtmarkts bzw. wie der Aktienindex.

Namensaktie: Aktien, die auf den Namen ihres Besitzers ausgestellt sind. Die Aktiengesellschaft, die Namensaktien ausgibt, führt ein Register mit den Namen ihrer Aktionäre und lädt diese oftmals auch persönlich zur Hauptversammlung ein.

NASDAQ: Abkürzung für National Association of Securities Dealers Automated Quotations. An der NASDAQ werden vor allem Technologiewerte gehandelt, sie ist das amerikanische Pendant zum Neuen Markt in Deutschland.

Nebenwerte: Aktien von kleineren und mittleren Unternehmen, die auch »Small Caps« genannt werden, im Gegensatz zu den »Blue Chips«.

Neuemission: Die erstmalige Ausgabe von Wertpapieren.

Nemax: Kurzform für Neuer Markt Index.

Neuer Markt: Ein Handelssegment, in dem vor allem Technologiewerte und die Aktien junger Unternehmen gehandelt werden. Den Neuen Markt gibt es seit dem 10. März 1997.

Neutral: Diese Bewertung der Analysten bedeutet, dass eine Aktie einen angemessenen Kurs erreicht hat und keine großen Kurssprünge mehr zu erwarten sind.

Offener Fonds: Im Gegensatz zum Geschlossenen Fonds nimmt ein Offener Fonds während seiner Laufzeit immer wieder neue Gelder von Investoren auf.

Optionsscheine: Meist hochspekulative Anlage, die

dem Aktionär das Recht einräumt, ein Wertpapier zu einem bestimmten Kurs zu kaufen oder zu verkaufen.

Order: Kauf- oder Verkaufsauftrag eines Wertpapiers.

Outperformer: Die Einschätzung eines Analysten, die bedeutet, dass sich der Kurs einer Aktie besser entwickelt als der Markt oder der Aktienindex.

Parkett: Als Parkett bezeichnet man den Börsensaal, in dem Verkaufs- und Kaufaufträge direkt durch die Händler abgewickelt werden. Die Kurse sind auf großen Tafeln sichtbar, Aufträge werden, meist unter Zeitdruck, den Maklern zugerufen. Das Pendant ist der **Computerhandel**, bei dem die Abwicklung der Orders nur noch via Bildschirm geschieht.

Performance: Sie wird meist in Prozenten angegeben und spiegelt die Entwicklung einer Aktie, eines Fonds oder eines Depots in einem bestimmten Zeitraum wider.

Portfolio: Die Gesamtheit der Wertpapiere, die ein Anleger oder ein Unternehmen besitzt.

Reduce: Wird eine Aktie von Analysten mit »reduce«, wörtlich übersetzt »reduzieren«, bewertet, ist dies ein eindeutiges Signal, den Bestand im Depot zurückzuschrauben.

Rendite: Der Gewinn einer Aktie, den Sie tatsächlich erhalten. Zur Rendite zählt man nicht nur den Kurszuwachs, sondern auch Zinsen und Dividenden.

Renten: Festverzinsliche Wertpapiere.

Sell: Wörtlich »verkaufen«, ist die eindeutige Empfehlung der Analysten, sich von diesem Wertpapier zu trennen.

Shares: Die amerikanische Bezeichnung für Aktien.

Spekulation: Als »Spekulation« wird das Handeln an der Börse – natürlich mit dem Ziel, Gewinne zu machen – bezeichnet.

Spekulationsfrist: Mit dem 1. Januar 1999 wurde die Spekulationsfrist bei Wertpapieren auf zwölf Monate hochgesetzt. Wenn Sie Aktien weniger als ein Jahr halten, müssen Sie die Gewinne, sofern diese 1 000 Mark und mehr betragen, versteuern.

Spekulationssteuer: Kursgewinne unterliegen, werden sie innerhalb eines Jahres nach dem Kauf der Aktie realisiert, der Steuerpflicht. Werden Wertpapiere länger als ein Jahr gehalten oder liegen die Gewinne unter 1 000 Mark, sind sie steuerfrei.

Stopp-Loss: Verkaufsauftrag, der bei der Bank hinterlassen wird, wenn die Aktie einen bestimmten Kurs erreicht. Mit Stopp-Loss-Orders können Aktionäre

Wertpapiere nach unten absichern und Verluste in Grenzen halten.

Strong Buy: Die Einschätzung eines Analysten, die als klare Kaufempfehlung zu werten ist. Mit dieser Einschätzung zeigt der Analyst an, dass er dieser Aktie noch erhebliches Wachstumspotenzial zutraut.

Trading: Spekulativer Handel mit Wertpapieren, um kurzfristig Gewinne zu realisieren.

Überzeichnung: Werden bei einer Neuemission mehr Wertpapiere gezeichnet, das heißt von Kunden bestellt, als vorhanden sind, nennt man diesen Zustand »Überzeichnung«. Die Konsortialbanken, die den Börsengang des jungen Unternehmens begleiten, entscheiden dann, wer wie viele Aktien zugeteilt bekommt.

Underperformer: Ähnlich wie mit »sell«, »reduce« oder »unterdurchschnittlich« weist ein Analyst mit der Einschätzung »underperformer« darauf hin, dass sich eine so bewertete Aktie voraussichtlich schlechter als der übrige Markt entwickeln wird. Diese Bewertung darf als Verkaufsempfehlung betrachtet werden.

Venture Capital: Wörtlich übersetzt »Wagniskapital«. Anleger investieren damit in junge Start-up-Firmen oder in Firmen, die Kapital benötigen, um ihren Geschäften eine neue Richtung zu geben. Risikoreiche Anlage, die nur für Börseninvestoren mit Erfahrung geeignet ist.

Volatilität: Volatilität steht für große Kursschwankungen und eine instabile Marktlage. Als volatil bezeichnet man auch Aktien, deren Kurs von einem steten Auf und Ab gekennzeichnet ist.

Wall Street: Name der Straße, an der die New Yorker Börse liegt. Der Name ist mittlerweile Synonym für die amerikanische Börse.

Wertpapier-Kennnummer, kurz WKN: Eine sechsstellige Nummer, die neben dem Namen der Aktie das Wertpapier kennzeichnet und bei Verkaufs- oder Kauforders angegeben werden muss.

Xetra: Abkürzung für Exchange Electronic Trading. Der Xetrahandel wird nicht mehr auf dem Parkett, sondern über eine Computerbörse abgewickelt. Die Teilnehmer ordern hier via Bildschirm, die Kurse werden von einem Zentralrechner ermittelt. Der Xetrahandel wurde 1997 eingeführt, da hier kosteneffizient und mit hoher Leistungsfähigkeit gearbeitet werden kann.

Zeichnung: Wenn Sie Wertpapiere zeichnen, bedeutet das, dass Sie sich gegenüber Ihrer Bank schriftlich verpflichten, eine bestimmte Menge neu auszugebender Wertpapiere – zum Beispiel bei einer

Neuemission – zu übernehmen. Es ist gleichzusetzen mit einer Bestellung, die Sie bei Ihrer Bank aufgeben. Allerdings gibt es keine Garantie dafür, dass Sie tatsächlich die gewünschte Menge zugeteilt bekommen. Oftmals erhalten Anleger eine geringere Menge an Aktien oder sie gehen bei großer Nachfrage leer aus.

Anmerkungen

1 *Börse online* 40 / 2000, S. 61.

2 Bodo Schäfer, *Der Weg zur finanziellen Freiheit. In sieben Jahren die erste Million.* Frankfurt, Campus 2000, S. 219 f.

3 Heiko Thieme ist ein sehr »bullischer«, das heißt sehr optimistischer und motivierter deutscher Börsenanalyst, der in den USA arbeitet.

4 *Focus-Money* 39/2000, S. 158.

5 Quelle: »›Ich zeichne grundsätzlich alles – egal was‹. Infineon-Börsengang verursacht ›Hysterie‹ bei Bankkunden, und Studenten, Rentner und Hausfrauen wollen sofort Depots eröffnen.« Von Daniela Kuhr. In: *Süddeutsche Zeitung* vom 2. März 2000, S. 32.

6 Zahlen aus der Zeitschrift *Aktienresearch* Nr. 35 vom 24. August 2000.

Möchten Sie Markus Frick live erleben? Das können Sie ohne weiteres: Der Mann, der Millionäre macht, schreibt nicht nur Bücher, sondern gibt sein Wissen und seine Erfahrung in mitreißenden Vorträgen auch an Ihr Publikum weiter. Über die Econ Referenten-Agentur können Sie diesen außergewöhnlichen Redner für einen unvergesslichen Vortrag buchen.

Rufen Sie uns an oder schreiben Sie uns, wir regeln alles Weitere für Sie:

Econ Referenten-Agentur
Paul-Heyse-Str. 28
80336 München
Tel.: 089/51 48-472, -473
Fax: 089/51 48-206
E-mail: referentenagentur@econ-ullstein-list.de
Internet: www.econ-referenten.de